BUNDT SAMLING RECEPTBOK

Skapar 100 Bundt-mästerverk för varje smak

Rebecca Hellström

Copyright Material ©2024

Alla rättigheter förbehållna

Ingen del av denna bok får användas eller överföras i någon form eller på något sätt utan korrekt skriftligt medgivande från utgivaren och upphovsrättsinnehavaren, förutom korta citat som används i en recension. Den här boken bör inte betraktas som en ersättning för medicinsk, juridisk eller annan professionell rådgivning.

INNEHÅLLSFÖRTECKNING

INNEHÅLLSFÖRTECKNING **3**
INTRODUKTION **6**
FRUKT BUNDT TAKOR **7**
    1. Körsbär Bundt tårta 8
    2. Kryddad Persimmon Bundt Kaka 10
    3. Rosa Citron ade Bundt tårta 12
    4. Kryddig plommonkaka 14
    5. Citron Coconut Pund Kaka 17
    6. Blod Apelsin Mimosa Bundt Kaka 19
    7. Blåbär Bavarois Bundt tårta 22
    8. Russin Gugelhupf 25
    9. 7-Up Bundt Kaka 27
    10. Pumpa och tranbärsbundtkaka 29
    11. Frostad ÄppelkryddaBundt-kaka 31
    12. Kanskech Melba Bundt tårta 34
    13. Mango Passionsfrukt Bundt Kaka 36
    14. Päron och ingefära Bundt tårta 38
    15. Jordgubbs Rabarber Bundt tårta 40
    16. Fikon och honung Bundt tårta 42
    17. Tropisk Banana Coconut Bundt Kaka 44
    18. Jordgubbe Virvla runtGrädde Ost Bundt Kaka 46
    19. Fikon och valnöt Bundt tårta 48
    20. Tropisk Banana Bundt tårta 50
BOTANISKA BUNDT-KAKER **52**
    21. Fjäril Kanske Marmor Bundt 53
    22. Citronkamomill Honung Bundt Kaka 56
    23. Citron och vallmofrön Bundt tårta 59
    24. Vanilj blommig Bundt tårta med Hibiscus glasyr 62
    25. Vit Choklad Hallon Bundt Kaka 65
    26. Hibiscus-Citron Mini Bundt-kakor 68
    27. Lavendel honungskaka 71
    28. Coconut Bundt Kaka med Hibiscus Glaze 73
    29. Magnolia Caramel Bundt tårta 76
    30. Bundt tårta med körsbärsblommor 79
    31. Citron Ginger Bundt Kaka 82
    32. Rose Pistachio Bundt tårta 85
    33. Earl Grey Te Bundt Kaka 87
    34. Apelsin Blomma Mandel Bundt tårta 89

35. Salvia och Citrus Bundt tårta 91
36. Kardemumma Päron Bundt tårta 93
37. Timjan och honung Kanskech Bundt tårta 95
38. Jasmine Grön Te Bundt Kaka 97

NÖTTIGA BUNDT-KAKER 99
39. Pralin Bundt tårta 100
40. Jordnötssmör Och Gelé Virvla runtBundt Tårta 103
41. Lönn valnöt Streusel Bundt tårta 105
42. Nötig Banoffee Bundt Kaka 107
43. Glaserad mandelbundtkaka 109
44. Pistasch Bundt tårta 112
45. Pecan Pie Bundt Kaka 115
46. Hasselnöt Choklad Virvla runtBundt Kaka 118
47. Cashew Coconut Bundt Kaka 120
48. Valnöt Honung Krydda Bundt Kaka 122
49. Macadamia Mango Bundt tårta 124
50. Kastanj Choklad Chip Bundt tårta 126
51. Mandel Aprikos Bundt tårta 128

KAFFE BUNDT TAKOR 130
52. Cappuccino Bundt tårta 131
53. Mocka Bundt tårta med kaffe duggregn 133
54. Gräddfil kaffekaka 136
55. Espresso Bundt tårta med Ganache 138
56. Mocka Marmor Bundt tårta 141
57. Irish Coffee Bundt Kaka 144
58. Vanilj Mjölk Bundt tårta 146
59. Choklad Espresso Böna Bundt tårta 148
60. Kanel kaffe Streusel Bundt tårta 150
61. Hasselnöt kaffe Bundt tårta 152
62. Tiramisu Bundt tårta 155
63. Kaffe valnöt Bundt tårta 158

CHOKLAD BUNDT TAKOR 160
64. Choklad Bundt tårta 161
65. Hershey's Cocoa Bundt Kaka 163
66. Choklad Gingerbread Bundt Kaka 165
67. Nutella Bundt tårta 167
68. Choklad Chip Bundt Kaka 170
69. Oreo Bundt Tårta Med Vaniljglasyr 173
70. Trippel chokladFudge Bundt Kaka 177
71. Choklad Raspberry Virvla runtBundt Kaka 180
72. Mörk choklad apelsin Bundt tårta 183

OSTBUNDT TAKOR 186
73. Röd sammetBundt Kaka 187

74. Pumpa Grädde Ost Bundt Kaka 189
75. Citron Grädde Ost Bundt Kaka 192
76. Choklad Gräddost Bundt Tårta 195
77. Ostkaka-virvlad morotsbundtkaka 198
78. Key Lime Jordgubbe Ostkaka Bundt Kaka 201
79. Blåbär Citron Mascarpone Bundt Tårta 204
80. Ricotta Apelsin Mandel Bundt Tårta 207
81. Maple Pecan Grädde Ost Bundt Kaka 209
82. Hallon vit chokladOst Bundt Kaka 211

BOOZY BUNDT-KAKER 213

83. Limoncello Bundt Tårta 214
84. Baileys Pund Kaka 216
85. Irish Coffee kaka med whiskysås 219
86. Amaretto Bundt Tårta 222
87. Rom Raisin Bundt Kaka 225
88. Bourbon Choklad Bundt Tårta 227
89. Grand Marnier Apelsin Bundt Tårta 229
90. Kahlua Choklad Bundt Kaka 231
91. Kryddad rom och ananas Bundt Tårta 233
92. Brandy-dränkt körsbärsmandelbundtkaka 235
93. Prosecco Raspberry Bundt Kaka 238
94. Tequila Lime Bundt Tårta 240

FÄRGERIGT OCH KREATIVT 242

95. Regnbåge Virvla runtBundt Kaka 243
96. Tie-Dye Bundt Kaka 245
97. Napolitansk Bundt-kaka 247
98. Apelsin Gräddesicle Bundt Kaka 249
99. Confetti Funfetti Bundt Kaka 251
100. GodisexplosionBundt Kaka 253

SLUTSATS 256

INTRODUKTION

Välkommen till "Bundt Samling Receptbok." Bundt-kakor är mer än bara desserter; de är konstverk, alla med sin egen unika smak, konsistens och utseende. Från klassiska recept som gått i arv genom generationer till innovativa kreationer som tänjer på gränserna för traditionell bakning, buntkakor erbjuder något för alla smaker och tillfällen.

Den ikoniska formen på en buntkaka, med sitt centrala hål och dekorativa åsar, gör den omedelbart igenkännbar och oändligt mångsidig. Oavsett om du bakar för en speciell fest eller bara njuter av en söt godbit, är bundt-kakan en tidlös klassiker som aldrig misslyckas med att imponera. Med den här receptboken kommer du att upptäcka en skattkammare av recept på bundtkakor som kommer att lyfta ditt bakspel och glädja dina smaklökar.

Från rik choklad och sammetslen röd sammet till saftig citron och doftande vanilj, smakmöjligheterna är oändliga när det kommer till buntkakor. Oavsett om du föredrar enkla recept utan krångel eller utarbetade kreationer som bländar sinnena, hittar du massor av inspiration på dessa sidor. Varje recept har noggrant testats och fulländats för att säkerställa idiotsäkra resultat, så att även nybörjare bagare enkelt kan åstadkomma buntkakor av professionell kvalitet.

Men den här receptboken är mer än bara en samling recept; det är en hyllning till glädjen att baka och konstnärskapet att skapa vackra desserter. Oavsett om du bakar till dig själv, din familj eller en skara ivriga gäster, finns det något djupt tillfredsställande med att se en buntkaka komma upp ur ugnen, gyllene och väldoftande, redo att avnjutas av alla.

Så oavsett om du är en erfaren bagare som vill utöka din repertoar eller en nybörjare som vill lära dig repen, har " Bundt Samling Receptbok " något för dig. Gör dig redo att ge dig ut på en läcker resa genom en värld av buntkakor, där varje recept är ett mästerverk som väntar på att skapas och avnjutas.

FRUKT BUNDT TAKOR

1.Körsbär Bundt tårta

INGREDIENSER:
- 1 förpackning Chokladkakamix
- 21 uns burk körsbärspajfyllning
- ¼ kopp olja
- 3 ägg
- Körsbär Frosting

INSTRUKTIONER:
a) Blanda och häll i en smord Bundt-panna.
b) Grädda i 350 grader i 45 minuter.
c) Låt svalna i pannan i 30 minuter och ta sedan bort.

2.Kryddad Persimmon Bundt Kaka

INGREDIENSER:
- 2 mjuka, mogna persimoner
- ¼ kopp lönnsirap
- 2 koppar socker
- 1 burk kokosmjölk
- ½ kopp vegetabilisk olja
- 1 ½ kopp universalmjöl
- 1 ½ dl dinkelmjöl
- 1 tsk kanel
- 1 tsk ingefära
- 1 tsk muskotnöt
- ¼ tesked mald kryddnejlika

INSTRUKTIONER:

a) Värm ugnen till 350 grader. Olja in en kakform eller en buntform och ställ åt sidan.

b) Skopa ur fruktköttet av persimmonerna och lägg i en stor skål. Tillsätt lönnsirap, socker, kokosmjölk och vegetabilisk olja. Vispa ingredienserna tills de blandas.

c) I en annan stor skål, kombinera alla torra ingredienser och vispa tills det är blandat.

d) Häll långsamt det våta i den torra skålen. Rör om med en gummispatel tills den precis blandas, se till att inte överblanda!

e) Häll blandningen i den förberedda kakformen och ställ in i ugnen för att grädda.

f) minuter. Kakan är gräddad när en tandpetare i mitten kommer ut ren.

3.Rosa Citron ade Bundt tårta

INGREDIENSER:
- 1 förpackning Yellow kaka mix
- 1 litet paket citronjello
- 4 ägg
- ¾ kopp aprikosnektar
- ¾ kopp olja
- 1 liten burk fryst rosa citronad, tinad

INSTRUKTIONER:
a) Blanda de första 5 ingredienserna och vispa i 4 minuter.
b) Häll upp i en smord och mjölad Bundt-form.
c) Grädda i 40-45 minuter i 350 graders ugn.
d) Ta ur formen och vänd upp på ett tårtfat.
e) Häll rosa citronad på kakan medan den är varm.

4.Kryddig plommonkaka

INGREDIENSER:
- 2 koppar Urkärnade och delade italienska plommon, kokta tills de är mjuka och svalnade
- 1 kopp Osaltat smör, mjukat
- 1¾ kopp Strösocker
- 4 Ägg
- 3 koppar Siktat mjöl
- ¼ kopp Osaltat smör
- ½ pund Florsocker
- 1½ matskedar Osötad kakao
- Nypa salt
- 1 tesked Kanel
- ½ tesked Malda kryddnejlikor
- ½ tesked Malen muskotnöt
- 2 teskedar Bakpulver
- ½ kopp Mjölk
- 1 kopp Valnötter, finhackade
- 2 Till 3 matskedar stark, varm Kaffe
- ¾ tesked Vanilj

INSTRUKTIONER:
a) Värm ugnen till 350°F. Smör och mjöl en 10-tums Bundt-panna.
b) I en stor blandningsfat, grädda ihop smör och socker tills det är ljust och fluffigt.
c) Vispa i äggen ett efter ett.
d) Blanda mjöl, kryddor och bakpulver i en sikt. I tredjedelar, tillsätt mjölblandningen till smörblandningen, omväxlande med mjölken. Vispa bara för att kombinera ingredienserna.
e) Tillsätt de kokta plommonen och valnötterna och rör om. Vänd i den förberedda formen och grädda i 1 timme i en 350°F ugn, eller tills kakan börjar krympa från pannans sidor.
f) För att göra frostingen, grädda ihop smöret och konditorsockret. Tillsätt gradvis sockret och kakaopulvret, rör hela tiden tills det är helt blandat. Krydda med salt.
g) Rör ner en liten mängd kaffe åt gången.
h) Vispa tills den är ljus och fluffig, tillsätt sedan vanilj och dekorera kakan.

5. Citron Coconut Pund Kaka

INGREDIENSER:
- Vegetabilisk olja, för smörjning
- 3 koppar universalmjöl, plus mer för mjölning
- 1 pund (4 pinnar) saltat smör, vid rumstemperatur
- 8 uns färskost, vid rumstemperatur
- 3 koppar strösocker
- 6 ägg
- 4 uns av instant citronpudding mix
- ¼ kopp sötad riven kokos
- 3 matskedar citronsaft
- Skal från 2 stora citroner
- 2½ teskedar kokosextrakt
- 2 tsk vaniljextrakt

FÖR GLASYREN:
- 1½ koppar strösocker
- 3 till 4 matskedar citronsaft
- 1 tsk kokosextrakt

INSTRUKTIONER:
a) Värm ugnen till 325 grader F. Smörj och mjöla en Bundt-panna.
b) I en stående mixer eller stor mixerskål med en handhållen mixer, blanda ihop smöret och färskosten på medelhastighet i cirka 2 till 3 minuter. Tillsätt sockret och börja tillsätta äggen. Blanda på medelhastighet tills det är väl blandat.
c) Tillsätt långsamt mjölet, bara lite i taget. Tillsätt sedan puddingblandningen, strimlad kokos, citronsaft och skal, kokosextrakt och vanilj. Mixa smeten på medelhastighet tills den är krämig.
d) Häll kaksmeten i den förberedda formen. Grädda i 1 timme och 25 minuter, eller tills den är klar. Ta ut kakan från ugnen och låt den svalna innan du tar ut den från formen.
e) Medan kakan svalnar förbereder du glasyren. I en medelstor skål, kombinera strösocker, citronsaft och kokosextrakt och blanda med en visp tills det är klumpfritt. Ringla glasyren över hela kakan och låt sedan stå i 5 minuter innan servering.

6. Blod Apelsin Mimosa Bundt Kaka

INGREDIENSER:
- 1 ½ koppar (3 pinnar) osaltat smör, rumstemperatur
- 2 ¾ koppar strösocker
- 5 stora ägg, rumstempererade
- 3 dl siktat kakmjöl
- ½ tsk salt
- 1 kopp rosa Moscato eller Champagne
- 3 msk apelsinskal
- 1 msk rent vaniljextrakt

ENKEL SIRAAP:
- ½ kopp rosa Moscato eller Champagne
- ½ kopp strösocker
- ¼ kopp färsk blod-apelsinjuice

APELSIN GLASUR:
- 1 ½ dl konditorsocker
- 3 matskedar färsk blod-apelsinjuice

INSTRUKTIONER:
a) Värm ugnen till 315 grader F. Spraya en 10-kopps Bundt-panna med nonstick-bakspray.
b) Blanda sockret med apelsinskal i skålen med en stavmixer. Gnid in skalet i sockret tills det doftar.
c) Tillsätt smör och salt i skålen och grädde tillsammans med socker. Vispa på medelhögt i 7 minuter tills smöret är ljusgult och fluffigt.
d) Tillsätt äggen ett i taget, blanda väl efter varje tillsats och skrapa ner sidorna av skålen efter behov.
e) Sänk hastigheten till låg och tillsätt långsamt mjölet i två omgångar, blanda tills det precis är blandat. Blanda inte för mycket.
f) Häll moscato och blanda tills det precis blandas.
g) Häll smeten i den förberedda formen och grädda i 70-80 minuter, eller tills en tandpetare som sticks in i mitten av kakan kommer ut ren.
h) Låt kakan svalna i formen i minst 10 minuter innan den vänds upp på ett serveringsfat. Låt svalna till rumstemperatur.

FÖR ENKEL SIRAAP:
i) Blanda alla ingredienserna i en liten gryta på medelhög värme och koka på medelhög värme.
j) Reducera blandningen med cirka en tredjedel tills den tjocknat, cirka 5 minuter.
k) Ta bort från värmen och låt den svalna helt.

FÖR GLASYR:
l) I en liten skål, vispa ihop alla ingredienser tills de är hällbara.
m) Så här sätter du ihop tårtan:
n) Stick hål över hela den avsvalnade kakan med ett spett eller gaffel.
o) Häll den enkla sirapen över kakan så att den absorberas. Upprepa om så önskas.
p) Ringla slutligen glasyren över kakan och låt stelna i 10 minuter.
q) Njut av denna härliga Blod Apelsin Mimosa Kaka, perfekt för fester eller något speciellt tillfälle!

7.Blåbär Bavarois Bundt tårta

INGREDIENSER:
BAVAROIS:
- 6 ark gelatin
- 250 g blåbär + extra till garnering
- Saft av 1 lime
- 75 g strösocker
- 200 ml äppeljuice
- 1 påse vaniljsocker
- 300 ml vispgrädde
- 1 drakfrukt
- 125 g hallon
- 125 g björnbär

KÖKSREDSKAP:
- Mixer
- Bundt form (1 liter)

INSTRUKTIONER:
a) Blötlägg gelatinbladen i kallt vatten i 5 minuter.
b) Mosa blåbären i en mixer eller med en stavmixer.
c) Häll blåbärspurén i en kastrull och låt koka upp.
d) Tillsätt det blötlagda och pressade gelatinet till purén, rör om tills det löst sig helt.
e) Pressa saften från 1 lime.
f) Tillsätt limejuice, 50 gram strösocker, äppeljuice och vaniljsocker till de mosade bären.
g) Kyl blandningen i cirka 30 minuter eller tills den börjar tjockna.
h) Vispa 250 ml vispgrädde tills den blir hård med hjälp av en mixer.
i) Vänd försiktigt ner den vispade grädden i bärblandningen.
j) Skölj Bundt-formen med kallt vatten utan att torka den.
k) Häll bär- och gräddblandningen i den förberedda Bundt-formen.
l) Ställ den i kylen och låt stelna i minst 4 timmar.
m) Dela drakfrukten på mitten och gröp ur fruktköttet.
n) Mosa drakfruktköttet med en gaffel och lägg det i en kastrull.
o) Tillsätt resten av grädden och sockret i kastrullen.
p) Värm blandningen på låg värme, rör om med en visp tills det blir en slät sås.
q) Låt såsen svalna och kyl den sedan tills den ska användas.
r) Vänd försiktigt ut bavaroisen på en tallrik. Börja med att lossa kanterna, och om det fastnar kan du linda en kökshandduk doppad i varmt vatten runt Bundt-formen för att hjälpa till att släppa den.
s) Häll drakfruktsåsen över bavaroisen.
t) Garnera med hallon, björnbär och extra blåbär.

8. Russin Gugelhupf

INGREDIENSER:
- 1¾ tsk färsk jäst
- 1 dl mjölk, rumstemperatur
- 3 dl vetemjöl
- 3½ uns vetesurdegsförrätt
- 1 dl mjölk, rumstemperatur
- 3¾ koppar vetemjöl
- ½ kopp socker
- ¾ kopp smält smör, kylt
- 3-4 ägg
- skal från 1 citron
- 1 dl russin
- strösocker till garnering

INSTRUKTIONER:

a) Lös upp jästen i 1 kopp mjölk. Tillsätt mjölet och förrätten och blanda väl. Låt degen jäsa i 1–2 timmar.

b) Tillsätt alla ingredienser till degen och blanda noggrant.

c) Fyll en eller två smorda och mjölade 11 × 7 × 1 ½ tums Bundt-formar (1 ½ liter) halvvägs med deg. Låt degen jäsa tills den är cirka 30 procent större, eller i 1 timme.

d) Grädda vid 390°F (200°C) i 20–30 minuter. Låt kakan svalna innan du tar ut den från formen. Strö till sist över strösockret.

e) Blanda degen med ingredienserna från steg två och rör om väl.

f) Fyll de smorda och mjölade formarna till hälften med degen.

g) Låt den bakade kakan svalna innan den skärs upp.

9.7-Up Bundt Kaka

INGREDIENSER:
KAKA:
- 1 ½ dl smör
- 3 koppar socker
- 5 ägg
- 3 koppar mjöl
- 2 msk citronextrakt
- ¾ kopp 7-Up

GLASYR:
- ½ kopp strösocker
- tillräckligt med 7-up och färsk citronsaft för att fukta till en glasyr

INSTRUKTIONER:
a) Värm ugnen till 325;
b) Smörj och mjöl i en riflad Bundt-panna.
c) Rör ihop socker och smör tills det är ljust och pösigt.
d) Tillsätt ägg, ett i taget, vispa ordentligt efter varje... Tillsätt mjöl och vispa lite till.
e) Blanda i citronextraktet och 7-Up,
f) Lägg smeten i formen, grädda i 325 grader i 1 timme-1 timme och 15 minuter.. eller tills en tandpetare som sticks in kommer ut ren.
g) Låt kakan svalna lite och ta ut den från formen.
h) Blanda glasyr och ringla över toppen

10.Pumpa och tranbärsbundtkaka

INGREDIENSER:
- 1 dl pumpamousse
- 2½ dl vanligt dinkelmjöl eller vetekaksmjöl
- ½ kopp mjölk
- 7 gram torrjäst
- ½ kopp rörsocker eller annat oraffinerat socker
- saft och skal av 1 citron
- 1 msk flytande kokosolja
- 1 kopp torkade tranbär

INSTRUKTIONER:
a) Blanda mjöl, jäst, socker och tranbär i en bunke.
b) Värm långsamt pumpamousse, mjölk, citronsaft och skal och kokosolja i en liten kastrull.
c) Knåda in de blöta ingredienserna i degen. Detta bör ta cirka 8 minuter att slutföra.
d) Strö ett tunt lager mjöl på Bundt kakformen och smörj den.
e) Lägg degen i buntformen, täck över den och låt den jäsa i 1 timme på en varm plats.
f) Värm ugnen till 180°C/350°F och grädda i 35 minuter (tills ett träspett kommer ut rent).

11.Frostad ÄppelkryddaBundt-kaka

INGREDIENSER:
Gräddostfyllning:
- 1 (8-ounce) förp. färskost, mjukad
- ¼ kopp strösocker
- 1 stort ägg
- 2 msk universalmjöl
- 1 tsk vaniljextrakt

ÄPPELKRYDDSMET:
- 1 kopp packat ljust farinsocker
- 1 kopp vegetabilisk olja
- ½ kopp strösocker
- 3 stora ägg
- 2 tsk vaniljextrakt
- 2 tsk bakpulver
- 2 tsk pumpapajkrydda
- 1 ½ tsk mald kardemumma
- 1 tsk kosher salt
- ½ tesked bakpulver
- ½ tsk mald koriander
- 3 koppar (cirka 12 ¾ uns) allsidigt mjöl
- 3 stora Granny Smith-äpplen (ca 1 ½ pund), skalade och rivna

KARAMELLFROSTNING:
- ⅔ kopp grovt hackade rostade pekannötter

INSTRUKTIONER:
FÖRBERED KRÄMOSTFYLLNING:
a) Värm ugnen till 350°F. Vispa färskost, ¼ kopp strösocker, 1 ägg, 2 msk mjöl och 1 tsk vanilj med en elektrisk mixer på medelhastighet tills det är slätt.

FÖRBERED ÄPPELKRYDDSMET:
b) Vispa farinsocker, olja och ½ kopp strösocker med en elektrisk stavmixer på medelhastighet tills det är väl blandat. Tillsätt 3 ägg, 1 i taget, vispa ordentligt efter varje tillsats. Rör ner 2 tsk vanilj.

c) Vispa ihop bakpulver, pumpapajkrydda, kardemumma, salt, bakpulver, koriander och 3 dl mjöl. Tillsätt gradvis till farinsockerblandningen, vispa på låg hastighet tills det precis blandas. Tillsätt äpplen och vispa på låg hastighet bara tills det blandas.

d) Häll hälften av smeten i en smord och mjölad 14-kopps Bundt-panna. Dollop Grädde Ost Fyllning över äppelblandningen, lämnar en 1-tums kant runt kanterna på pannan. Snurra fyllningen genom smeten med en kniv. Häll resterande smet över fyllningen.

e) Grädda i den förvärmda ugnen tills en lång träplock insatt i mitten kommer ut ren, 50 minuter till 1 timme.

f) Kyl kakan i formen på galler i 20 minuter; ta bort från pannan till ett galler och svalna helt (cirka 2 timmar). Sked frosting omedelbart över den avsvalnade kakan; strö över pekannötter.

12. Kanskech Melba Bundt tårta

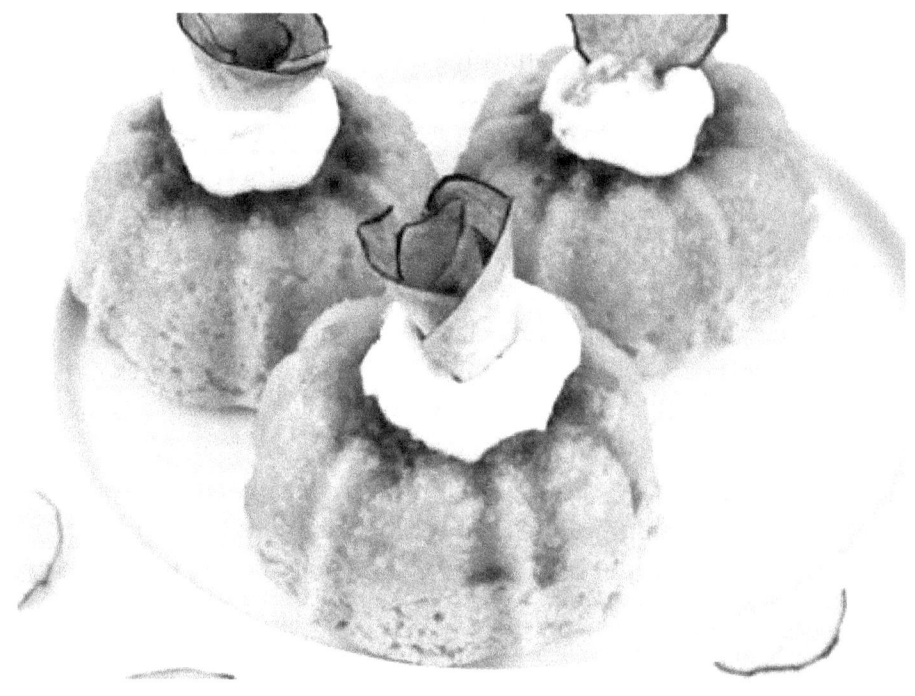

INGREDIENSER:
- 2 koppar universalmjöl
- 1 tsk bakpulver
- 1/2 tsk bakpulver
- 1/2 tsk salt
- 1 kopp osaltat smör, rumstemperatur
- 1 1/2 koppar strösocker
- 4 stora ägg
- 1 tsk vaniljextrakt
- 1/2 kopp gräddfil
- 1/2 kopp persikonektar
- 1 kopp tärnade persikor (färska eller konserverade och avrunna)
- 1/2 kopp hallon

GLASYR:
- 1 kopp strösocker
- 2 msk hallonpuré
- 1 msk mjölk

INSTRUKTIONER:
a) Värm ugnen till 350°F (175°C). Smörj och mjöla en 10-tums panna.
b) I en medelstor skål, vispa ihop mjöl, bakpulver, bakpulver och salt.
c) Grädda ihop smör och strösocker i en stor skål tills det är ljust och fluffigt. Tillsätt äggen, ett i taget, vispa ordentligt efter varje tillsats. Rör ner vaniljextraktet.
d) Tillsätt gradvis mjölblandningen i smörblandningen, omväxlande med gräddfil och persikonektar, börja och avsluta med mjölblandningen. Vänd forsiktigt ner de tärnade persikorna och hallonen.
e) Häll smeten i den förberedda buntformen. Grädda i 50-60 minuter eller tills en tandpetare som sticks in i kakan kommer ut ren.
f) Låt kakan svalna i formen i 10 minuter och vänd sedan upp på ett galler för att svalna helt.
g) För glasyren, vispa ihop strösocker, hallonpuré och mjölk tills det är slätt. Ringla över den avsvalnade kakan.

13.Mango Passionsfrukt Bundt Kaka

INGREDIENSER:
- 2 1/2 koppar universalmjöl
- 2 tsk bakpulver
- 1/2 tsk salt
- 1 kopp osaltat smör, rumstemperatur
- 2 koppar strösocker
- 4 ägg
- 1 tsk vaniljextrakt
- 1 dl mangopuré
- 1/2 kopp passionsfruktjuice
- Skal av 1 lime

GLASYR:
- 1 kopp strösocker
- 2-3 msk passionsfruktjuice

INSTRUKTIONER:
a) Värm ugnen till 350°F (175°C). Smörj och mjöla en buntform.
b) Vispa ihop mjöl, bakpulver och salt i en skål.
c) Vispa smör och socker pösigt. Tillsätt äggen, ett i taget, sedan vanilj, blanda väl.
d) Blanda i mangopuré, passionsfruktjuice och limeskal. Blanda gradvis i de torra ingredienserna tills de precis blandas.
e) Häll smeten i den förberedda pannan. Grädda i 55-65 minuter eller tills en tandpetare kommer ut ren.
f) Kyl i pannan i 15 minuter, vänd sedan upp på ett galler för att svalna helt.
g) Till glasyren, vispa strösocker och passionsfruktjuice tills det är slätt. Ringla över den svalnade kakan.

14.Päron och ingefära Bundt tårta

INGREDIENSER:
- 3 koppar universalmjöl
- 1 tsk bakpulver
- 1/4 tsk bakpulver
- 1/4 tsk salt
- 1 msk mald ingefära
- 1 kopp osaltat smör, rumstemperatur
- 2 koppar socker
- 4 ägg
- 2 tsk vaniljextrakt
- 1 kopp gräddfil
- 2 dl tärnade päron (skalade och urkärnade)
- 1/4 kopp kristalliserad ingefära, hackad

GLASYR:
- 1 kopp strösocker
- 2 msk mjölk
- 1 tsk vaniljextrakt

INSTRUKTIONER:
a) Värm ugnen till 350°F (175°C). Smörj och mjöla en buntform.
b) Blanda mjöl, bakpulver, bakpulver, salt och malen ingefära.
c) Rör smör och socker fluffigt. Vispa i äggen ett i taget, sedan vanilj. Blanda i torra ingredienser växelvis med gräddfil. Vänd ner päron och kristalliserad ingefära.
d) Häll i en buntform och grädda i 60-70 minuter. Kyl i pannan och vänd sedan upp på ett galler.
e) Blanda strösocker, mjölk och vanilj för glasyren; ringla över tårtan.

15.Jordgubbs Rabarber Bundt tårta

INGREDIENSER:
- 2 1/2 koppar universalmjöl
- 1 tsk bakpulver
- 1/2 tsk bakpulver
- 1/2 tsk salt
- 1 kopp osaltat smör, mjukat
- 1 3/4 koppar strösocker
- 4 ägg
- 2 tsk vaniljextrakt
- 1 kopp gräddfil
- 1 dl finhackad rabarber
- 1 kopp tärnade jordgubbar

JORDGubbsglasyr :
- 1 kopp strösocker
- 2-3 msk jordgubbspuré

INSTRUKTIONER:
a) Värm ugnen till 350°F (175°C). Smörj och mjöla en 10-tums panna.
b) Vispa ihop mjöl, bakpulver, bakpulver och salt i en skål.
c) I en stor skål, grädde smör och socker tills det är ljust och fluffigt. Tillsätt äggen, ett i taget, vispa ordentligt efter varje tillsats. Blanda i vanilj.
d) Tillsätt gradvis mjölblandningen till den gräddade blandningen, omväxlande med gräddfil, börja och avsluta med mjölblandningen. Vänd ner rabarber och jordgubbar.
e) Häll i förberedd buntform och jämna till toppen. Grädda i 55-65 minuter eller tills en tandpetare som sticks in i kakan kommer ut ren.
f) Kyl i pannan i 10 minuter innan du vänder upp på ett galler för att svalna helt.
g) Till glasyren, vispa ihop strösocker och jordgubbspuré tills det är slätt. Justera konsistensen med mer puré eller socker om det behövs. Ringla över den avsvalnade kakan.

16.Fikon och honung Bundt tårta

INGREDIENSER:
- 3 koppar universalmjöl
- 1 tsk bakpulver
- 1/2 tsk bakpulver
- 1/2 tsk salt
- 1 kopp osaltat smör, rumstemperatur
- 1 kopp strösocker
- 1/2 kopp honung
- 4 ägg
- 2 tsk vaniljextrakt
- 1 kopp kärnmjölk
- 1 kopp tärnade färska fikon

HONING GLASUR:
- 1 kopp strösocker
- 3 matskedar honung
- 2 msk mjölk

INSTRUKTIONER:
a) Värm ugnen till 350°F (175°C). Smörj och mjöla en buntform.
b) Blanda mjöl, bakpulver, bakpulver och salt i en skål.
c) I en stor skål, grädda ihop smör, socker och honung tills det är ljust och fluffigt. Tillsätt äggen, ett i taget, vispa ordentligt efter varje tillsats. Rör ner vanilj.
d) Tillsätt mjölblandningen till den gräddade blandningen växelvis med kärnmjölk, börja och avsluta med mjölblandningen. Vik i de tärnade fikonen.
e) Häll smeten i den förberedda buntformen. Grädda i 60-70 minuter eller tills en insatt tandpetare kommer ut ren.
f) Låt kakan svalna i formen i 10 minuter och vänd sedan upp den på ett galler för att svalna helt.
g) För glasyren, vispa ihop strösocker, honung och mjölk tills det är slätt. Ringla över den avsvalnade kakan.

17.Tropisk Banana Coconut Bundt Kaka

INGREDIENSER:
- 3 koppar universalmjöl
- 2 tsk bakpulver
- 1/2 tsk bakpulver
- 1/2 tsk salt
- 1 kopp osaltat smör, rumstemperatur
- 2 koppar strösocker
- 3 ägg
- 2 tsk vaniljextrakt
- 1 kopp mosade mogna bananer (ca 2-3 bananer)
- 1 dl kokosmjölk
- 1 dl riven kokos

KOKOS GLASUR:
- 1 kopp strösocker
- 3-4 matskedar kokosmjölk

INSTRUKTIONER:
a) Värm ugnen till 350°F (175°C). Smörj och mjöla en buntform.
b) Vispa ihop mjöl, bakpulver, bakpulver och salt.
c) Rör smör och socker fluffigt. Tillsätt ägg, ett i taget, sedan vanilj, blanda väl efter varje tillsats. Blanda i mosade bananer.
d) Tillsätt växelvis torra ingredienser och kokosmjölk i smeten, börja och avsluta med torra ingredienser. Rör ner riven kokos.
e) Häll smeten i den förberedda pannan. Grädda i 60-70 minuter, eller tills en insatt tandpetare kommer ut ren.
f) Kyl i pannan i 10 minuter, vänd sedan ut på ett galler för att svalna helt.
g) För glasyren, blanda strösocker och kokosmjölk tills det är slätt. Justera konsistensen om det behövs. Ringla över den svalnade kakan.

18.Jordgubbe Virvla runtGrädde Ost Bundt Kaka

INGREDIENSER:
- 2 1/2 koppar universalmjöl
- 1 tsk bakpulver
- 1/2 tsk bakpulver
- 1/2 tsk salt
- 3/4 kopp osaltat smör, rumstemperatur
- 1 1/2 koppar strösocker
- 4 stora ägg
- 1 tsk vaniljextrakt
- 1 kopp gräddfil
- 8 uns färskost, mjukad
- 1/2 kopp jordgubbskonserver

INSTRUKTIONER:

a) Värm ugnen till 350°F (175°C). Smörj och mjöla en 10-tums panna.

b) I en medelstor skål, vispa ihop mjöl, bakpulver, bakpulver och salt.

c) I en stor skål, grädde smör och strösocker tills det är ljust och fluffigt. Vispa i äggen, ett i taget, sedan vaniljen. Tillsätt gradvis mjölblandningen, omväxlande med gräddfilen, börja och avsluta med mjölblandningen.

d) I en separat skål, vispa färskosten tills den är slät. Rör ner jordgubbskonserveringen.

e) Häll hälften av kaksmeten i den förberedda buntformen. Häll färskostblandningen över smeten. Toppa med resterande kaksmet.

f) Använd en kniv för att virvla ner färskostblandningen i smeten, vilket skapar en marmorerad effekt.

g) Grädda i 60-70 minuter, eller tills en tandpetare som sticks in i kakan kommer ut ren. Låt svalna i pannan i 10 minuter, vänd sedan upp på ett galler för att svalna helt.

19.Fikon och valnöt Bundt tårta

INGREDIENSER:

- 2 koppar universalmjöl
- 1 tsk bakpulver
- 1/2 tsk bakpulver
- 1/2 tsk salt
- 1 kopp osaltat smör, rumstemperatur
- 1 1/2 koppar strösocker
- 4 ägg
- 1 tsk vaniljextrakt
- 1/2 kopp kärnmjölk
- 1 dl torkade fikon, hackade
- 1 dl valnötter, hackade

INSTRUKTIONER:

a) Värm ugnen till 350°F (175°C). Smörj och mjöla en buntform.
b) Vispa ihop mjöl, bakpulver, bakpulver och salt.
c) I en stor skål, grädde smör och socker tills det är ljust. Tillsätt äggen, ett i taget, sedan vanilj. Tillsätt växelvis torra ingredienser och kärnmjölk, börja och avsluta med torra ingredienser. Vik i fikon och valnötter.
d) Häll smeten i den förberedda pannan. Grädda i 55-65 minuter, tills en testare kommer ut ren. Kyl i pannan i 15 minuter, vänd sedan ut på ett galler för att svalna helt.

20.Tropisk Banana Bundt tårta

INGREDIENSER:
- 3 koppar universalmjöl
- 2 tsk bakpulver
- 1 tsk bakpulver
- 1/2 tsk salt
- 1 kopp osaltat smör, rumstemperatur
- 2 koppar socker
- 3 stora ägg
- 2 tsk vaniljextrakt
- 1 kopp mosade mogna bananer (ca 2-3 bananer)
- 1 dl kokosmjölk
- 1 dl riven kokos
- 1/2 dl macadamianötter, hackade

INSTRUKTIONER:
a) Värm ugnen till 350°F (175°C). Smörj och mjöla en buntform.
b) Blanda mjöl, bakpulver, bakpulver och salt.
c) Rör smör och socker fluffigt. Vispa i äggen, ett i taget, sedan vanilj. Blanda i bananer. Tillsätt växelvis torra ingredienser och kokosmjölk, börja och avsluta med torra ingredienser. Vänd ner riven kokos och macadamianötter.
d) Häll i förberedd panna. Grädda i 60-70 minuter eller tills en insatt tandpetare kommer ut ren. Kyl i pannan i 20 minuter, vänd sedan upp på ett galler för att svalna helt.

BOTANISKA BUNDT-KAKER

21.Fjäril Kanske Marmor Bundt

INGREDIENSER:
FJÄRILSÄRT POWDER MARMOR BUNDT
- 3½ koppar universalmjöl
- 4 tsk bakpulver
- ¾ teskedar salt
- ¾ kopp osaltat smör i rumstemperatur
- ½ kopp vegetabilisk olja
- 1¾ koppar strösocker
- 3 ägg + 2 äggvitor i rumstemperatur
- 4 tsk vanilj
- 1½ dl kärnmjölk
- 1 msk fjärilsärtpulver
- 1 msk mjölk

VANILJFJÄRILSGLASUR
- 1½ koppar strösocker
- 1 tsk fjärilsärtpulver
- ½ tsk vanilj
- 2-4 matskedar mjölk

INSTRUKTIONER
FJÄRILSÄRT POWDER MARMOR BUNDT
a) Värm ugnen till 350°F / 175°C. Smöra och mjöla generöst en Bundt-panna med 12 koppar.
b) I en medelstor skål, vispa ihop mjöl, bakpulver och salt. Avsätta.
c) Vispa ihop smör, olja och socker i 5 minuter tills det är ljust och fluffigt i skålen på en stavmixer utrustad med paddeltillbehöret.
d) Skrapa ner skålens sidor och tillsätt ett ägg i taget, vispa i 20 sekunder mellan varje tillsats. Tillsätt vaniljen med det sista ägget.
e) Varva mellan att tillsätta mjölblandningen och kärnmjölken. Vänd i ⅓ av mjölblandningen, sedan ½ av kärnmjölken, ⅓ av mjölet, resterande ½ av kärnmjölken och resterande ⅓ av mjölet.
f) Ta bort ~3 koppar smet och lägg den i en medelstor skål. Blanda fjärilsärtpulvret och mjölken i en liten skål. Till de 3 kopparna, blanda försiktigt i fjärilsärtpulverblandningen tills smeten är helt blå.
g) Fördela ~⅓ av vaniljsmeten jämnt i Bundt. Använd ~⅓ av den blå smeten för att lägga stora klickar över vaniljen, använd sedan en kniv för att försiktigt snurra runt den blå.
h) Lägg ytterligare ⅓ av vaniljen ovanpå, upprepa klickarna och snurra två gånger, avsluta med den blå smeten ovanpå.
i) Grädda i 50-60 minuter, tills en kniv i Bundt kommer ut ren eller med bara några fuktiga smulor.
j) Låt kakan svalna i formen i 10-15 minuter. När formen är sval nog att röra vid, vänd ut kakan på en ren yta. Låt kakan svalna helt innan frosting.
VANILJFJÄRILSGLASUR
k) Blanda alla ingredienser i en skål, börja med 2 matskedar mjölk. Tillsätt mer mjölk efter behov för att få önskad konsistens.
l) Häll glasyren jämnt över kakan.
m) Valfritt: Häll 1 tesked vit matfärg i en skål. Använd en pensel för att spricka kakan. Toppa med rosenblad och vitt sockerpärlströssel.
n) Servera och njut!

22. Citronkamomill Honung Bundt Kaka

INGREDIENSER:
CITRONKAMOMILLHONINGSKAKA:
- 1 dl helmjölk
- ½ kopp lösbladskamomillte
- 2 matskedar honung
- 3 dl fint bakverksmjöl eller kakmjöl
- 1 tsk fint havssalt
- 1 tsk bakpulver
- ½ tsk bakpulver
- Skal och saft av 4 medelstora citroner
- 1 ½ koppar strösocker
- 1 kopp osaltat smör (vid rumstemperatur)
- 4 stora ägg (i rumstemperatur)
- 2 tsk rent vaniljextrakt

CITRON KAMOmill HONING GLASUR:
- ½ kopp socker
- ½ kopp vatten
- ½ kopp lösbladskamomillte
- ¼ kopp citronsaft (från citroner som används i kakan)
- ¼ kopp honung

INSTRUKTIONER:
FÖR CITRONKAMOILLHONINGSKAKA:
a) Värm ugnen till 350°F. Förbered en buntpanna med 10 koppar genom att pensla den med smält smör och pudra den med bakelsemjöl.
b) Kombinera mjölk, kamomillte och honung i en liten kastrull på medelhög värme. Sjud i 5 minuter och låt sedan teet dra medan det svalnar. Sila av mjölken, vispa i hälften av citronsaften och ställ åt sidan.
c) Sikta ihop bakelsemjöl, salt, bakpulver och bakpulver. Tillsätt citronskal och vispa.
d) I en stående mixer, grädde smör och socker tills det är fluffigt. Tillsätt äggen ett i taget, följt av vanilj.
e) Vänd ner mjölblandningen och den avsvalnade, blötlagda mjölken växelvis i tre respektive två delar.
f) Häll smeten i den förberedda buntformen och grädda i 40-45 minuter, rotera halvvägs. Kakan ska vara gyllene och springa tillbaka vid beröring.

FÖR CITRONKAMOILLHONINGSGLASJÄREN :
g) Blanda socker, vatten, honung, citronsaft och kamomillte i en kastrull på hög värme. Koka upp, rör om tills sockret löst upp. Sjud tills blandningen tjocknar, ta sedan bort från värmen och svalna. Sila av sirapen.
h) Medan kakan fortfarande ligger i formen, stick hål i botten med ett träspett. Häll ¾ av glasyren över kakan, låt den rinna in i kanalerna. Spara resterande glasyr.
i) Låt kakan svalna i formen i 30 minuter, vänd sedan upp den på ett serveringsfat. Pensla ovansidan och sidorna med resterande glasyr.
j) Eventuellt dekorera tårtan med nyplockade kamomillblommor. Skiva och servera med vispad grädde.

23. Citron och vallmofrön Bundt tårta

INGREDIENSER:
KAKA:
- 230 g smör, rumstemperatur
- 230 g strösocker
- Skal av 3 citroner
- 4 stora ägg
- 100 g grekisk yoghurt, fullfett
- 300 g självhäftande mjöl, siktat
- 1 tsk Bakpulver
- 2 msk Vallmofrön, svarta
- Nypa salt

DUGGA:
- 100 g strösocker
- Saft av 3 citroner

GLASYR:
- 100 g florsocker
- Saften av 1 citron
- Vatten (efter behov för önskad konsistens)

INSTRUKTIONER:
a) Värm ugnen till Gas Mark 4/160°C varmluft, 180°C. Spraya buntformen med kaka release spray eller smörj rejält med smör.
b) Rör ihop smör, socker och citronskal tills det blir ljust och fluffigt, cirka 5-8 minuter.
c) Tillsätt äggen ett i taget, blanda väl efter varje tillsats.
d) Vänd försiktigt ner den grekiska yoghurten.
e) Vänd i det siktade självjäsande mjölet, bakpulvret, vallmofrön och en nypa salt tills det är väl blandat.
f) Överför smeten till den förberedda buntformen. Grädda i 35 minuter eller tills ett spett som sticks i mitten kommer ut rent.
g) Medan kakan gräddar gör du duggregn genom att värma socker med citronsaft på låg värme i 2-3 minuter.
h) När kakan är ute ur ugnen, stick hål över den och häll det varma duggregn över den. Låt kakan stå i 15 minuter innan du vänder upp den ur formen.
i) Till glasyren, blanda florsockret med citronsaft tills det når en hällbar konsistens. Tillsätt vatten efter behov.
j) Ringla glasyren över kakan och dekorera med ätbara blommor innan servering.

24.Vanilj blommig Bundt tårta med Hibiscus glasyr

INGREDIENSER:
BUNDT TÅRTA:
- 1½ dl mjöl
- ½ tsk salt
- ¼ tesked bakpulver
- ½ dl smör, mjukat
- 1½ dl socker
- 4 ägg
- 1 tsk vaniljextrakt
- ⅔ kopp vanlig yoghurt

HIBISCUS GLASYR:
- 2 påsar Hibiscus te
- 1 kopp vatten
- 1 ¾ koppar konditorsocker, siktat
- 2 tsk färsk citronsaft
- 1-3 matskedar bryggt Hibiscus te, kylt

INSTRUKTIONER:

TE:
a) I 1 kopp kokande vatten, brygg tepåsar, täckta, i 8-10 minuter.
b) Ställ åt sidan och låt svalna helt.

FÖR TÅRTA:
c) Värm ugnen till 350°F. Förbered pannan med bakspray och använd en bakelseborste för att jämnt belägga formens detaljer.
d) Blanda mjöl, bakpulver och salt i en liten skål. Avsätta.
e) Använd en mixer med paddelfäste, gräddsmör och socker. Blanda i ägg tills det är ordentligt införlivat.
f) Tillsätt vanilj, mjölblandning och yoghurt. Mixa tills det är slätt.
g) Häll i den förberedda 6 koppar Bundt, fyll bara ¾ full. Knacka försiktigt på bänken för att släppa ut luftbubblor.
h) Grädda i 35-40 minuter eller tills en tandpetare som sticks in i mitten av kakan kommer ut ren. Ta ut ur ugnen och låt kakan svalna i 10 minuter innan den vänds upp på ett galler.

FÖR GLASYR:
i) Medan kakan svalnar, blanda ingredienserna till glasyren. Till konditorernas socker, tillsätt citronsaft och kylt bryggt te, tillsätt 1 matsked åt gången och upp till 3 matskedar för önskad konsistens och färg.
j) Ringla glasyren över den avsvalnade kakan när den ska serveras.

25.Vit Choklad Hallon Bundt Kaka

INGREDIENSER:
KAKA:
- 8,8 uns osaltat smör
- 8,8 uns vit choklad
- 6,7 dl vatten
- 1 ½ dl superfint (strösocker).
- 2 stora ägg, rumstempererade
- 1 tsk vaniljextrakt
- 4,4 uns lätt gräddfil
- 1 ½ dl självjäsande mjöl
- 1 ¼ koppar universalmjöl
- 8,8 uns frysta hallon

VIT CHOKLADSMÖRKRÄM:
- 7 uns osaltat smör, mjukat
- 14 uns florsocker/florsocker
- 3,5 uns vit choklad
- 1,1 uns grädde

INSTRUKTIONER:
KAKA:
a) Värm ugnen till 160°C / 320°F. Smörj och mjöla en 8-tums kakform.
b) Smält smör och choklad i en mikrovågssäker skål på 50 % effekt i två minuter.
c) Tillsätt vatten och socker, rör om och fortsätt att värma i mikrovågsugnen på 50 % effekt i steg om 1-2 minuter tills allt har lösts upp. Låt den svalna i 15 minuter.
d) Vispa lätt ägg, gräddfil och vanilj i en liten skål.
e) I en stor skål, sikta samman mjöl. Tillsätt äggblandningen till mjölet. Kombinera inte helt. Tillsätt gradvis den vita chokladblandningen tills den blandas.
f) Rör ner hallon och häll i den förberedda formen.
g) Grädda i cirka 1 timme och 15 minuter eller tills ett spett kommer ut rent.
h) Kyl kakan i formen i 20 minuter. Ta ur formen och svalna helt på galler innan du lindar in den i plastfolie och ställer in den i kylen i 4 timmar.

VIT CHOKLADSMÖRKRÄM:
i) Smält grädde och vit choklad vid 50 % effekt i mikrovågsugnen i 30 sekunders steg tills det är slätt. Låt den svalna i 15 minuter.
j) I en stor skål, på medelhastighet av en elektrisk mixer, grädde smöret tills det är slätt.
k) Tillsätt florsockret, en kopp i taget, tills det är väl blandat.
l) Tillsätt den vita chokladgräddblandningen och vispa tills den blandas.

26. Hibiscus-Citron Mini Bundt-kakor

INGREDIENSER:
- 1 ½ koppar universalmjöl, plus mer för att pudra
- 1 tsk bakpulver
- ½ tsk salt
- 1 kopp strösocker
- 4 tsk citron-hibiskus teblad, smulade
- 1 msk finrivet citronskal, plus 2 msk citronsaft (från ca 1 stor citron)
- 1 ¼ pinnar (10 matskedar) osaltat smör, i rumstemperatur
- 2 stora ägg
- 2 tsk rent vaniljextrakt
- ¾ kopp gräddfil
- Matlagningsspray
- 2 dl konditorsocker
- Burkförpackade hibiskusblommor i sirap, hackade, för toppning, plus 2 matskedar sirap

INSTRUKTIONER:
a) Värm ugnen till 350° F. Vispa mjöl, bakpulver och salt i en medelstor skål.
b) Vispa strösocker, smulade teblad och citronskal i en stor skål med en mixer på medelhög hastighet tills de är väl kombinerade, cirka 1 minut. Tillsätt smöret och vispa tills det är lätt och krämigt, skrapa ner skålen efter behov, i 3 till 5 minuter.
c) Vispa i äggen ett i taget tills de blandas och vispa sedan i vaniljen. Sänk mixerhastigheten till låg och vispa i mjölblandningen i 3 omgångar, omväxlande med gräddfilen. Öka hastigheten till medelhög och vispa tills den är slät.
d) Spraya generöst en 6-kopps mini Bundt-panna med matlagningsspray och pudra med mjöl, skaka ut eventuellt överskott. Fördela smeten jämnt mellan kopparna, fyll var och en cirka två tredjedelar av vägen.
e) Grädda tills kakorna är gyllene på toppen och springer tillbaka när de trycks försiktigt, 27 till 32 minuter. Flytta formen till ett galler och låt kakorna svalna i cirka 10 minuter, ta sedan ut kakorna till gallret för att svalna helt.
f) Vispa under tiden konditorernas socker, citronsaft och hibiskussirap i en medelstor skål tills den är slät och bredbar. Om glasyren är för styv kan du späda den med några droppar vatten.
g) Sked glasyren över kakorna, låt den droppa ner på sidorna. Toppa med hackade hibiskusblommor. Låt stelna i minst 20 minuter.

27.Lavendel honungskaka

INGREDIENSER:
- 1 kopp honung
- ¼ kopp färsk lavendel
- 1 kopp osaltat smör, mjukat
- 1 kopp socker
- 4 ägg
- 2 koppar Pamela's All-Purpose Flour Artisan Blend
- 1 tsk salt
- 1 tsk vaniljextrakt
- 1 kopp strösocker
- 1 tsk mjölk
- ½ kopp sortiment av ätbara blommor

INSTRUKTIONER:
a) Lägg honungen och lavendeln i en liten kastrull på hög värme. Låt koka upp, ta sedan bort från värmen och täck i en timme. Ta bort lavendeln och kassera.
b) Värm ugnen till 350 grader och smör eller smörj en 4-kopps Bundt-panna.
c) I en mixer, vispa smör, honung och socker tills det är ljust och fluffigt.
d) Tillsätt äggen ett i taget, blanda helt mellan varje tillsats.
e) Blanda i Pamela's All-Purpose Flour Artisan Blend och salt tills det är väl blandat.
f) Rör ner vaniljextraktet.
g) Grädda i 45 minuter – 1 timme eller tills en insatt tandpetare kommer ut ren.
h) För att göra glasyren, vispa ner mjölken i strösockret. Den ska vara väldigt tjock men ändå kunna hällas. Tillsätt mer mjölk om det behövs.
i) Häll glasyren över den helt avsvalnade kakan, toppa sedan med ätbara blommor innan servering.

28.Coconut Bundt Kaka med Hibiscus Glaze

INGREDIENSER:
KOKOSKAKA:
- 1 kopp kokosolja
- 2 koppar råsocker, pulsat
- 3 koppar + 2 matskedar oblekt universalmjöl
- 1 tsk bakpulver
- 4 medelstora till stora ägg
- 1 msk kokosextrakt
- 2 tsk vaniljextrakt
- 1 ½ tsk fint havssalt
- 1 ½ dl kokosmjölk
- Matlagnings- eller bakspray (för att belägga pannan)

HIBISCUS GLASYR:
- ¼ kopp torkade hibiskusblommor
- ½ kopp vatten
- 1 dl+ konditorsocker

ENKEL SIRAAP:
- ¾ kopp råsocker
- ⅔ kopp vatten
- 2 tsk vaniljpasta eller extrakt
- ¼ tesked fint havssalt

INSTRUKTIONER:
ATT GÖRA TÅRAN:
a) Placera ugnsgallret i den tredje våningen av ugnen. Värm ugnen till 325°F. Spraya Bundt-pannan noggrant med matlagnings- eller bakspray.
b) Blanda kokosolja och socker i en stående mixer med visptillbehöret i 5 minuter på medelhastighet.
c) I en medelstor skål, vispa ihop mjöl och bakpulver.
d) Med mixern igång, tillsätt äggen ett i taget. Tillsätt kokosextrakt, vanilj och salt. Blanda kort.
e) Stoppa mixern, tillsätt ⅓ av mjölblandningen och blanda kort. Häll i hälften av kokosmjölken och blanda lite till. Upprepa processen med ⅓ av mjölblandningen och den återstående kokosmjölken,

och avsluta med den återstående mjölblandningen. Blanda tills det är väl blandat.
f) Överför smeten till den förberedda Bundt kakformen.
g) Grädda i 50 minuter, öka sedan ugnstemperaturen till 350°F och grädda i ytterligare 5 till 10 minuter. Kontrollera om det är färdigt med en tandpetare.
h) Låt den svalna i några minuter, stick hål genom tårtans botten och pensla hälften av den enkla sirapen genom den. Vänta 10 till 15 minuter, vänd upp kakan på ett fat, stick in fler hål genom toppen och pensla den återstående sirapen genom toppen och sidorna av kakan. Låt den vila i ytterligare 10 minuter.

FÖR ATT GÖRA HIBISCUS- GLASYREN:
i) Lägg torkade hibiskusblommor och vatten i en liten kastrull. Koka i 20 till 25 minuter tills vattnet har minskat till cirka ¼ kopp.
j) Ta bort från värmen, sila av vätskan i en medelstor skål.
k) Tillsätt socker i vätskan i små mängder och vispa tills inga klumpar finns kvar. Justera konsistensen med mer vatten eller kokosmjölk för en rinnigare glasyr eller mer socker för en tjockare. Häll över toppen av kakan.

FÖR ATT GÖRA DEN ENKLA SIRASEN:
l) Blanda alla ingredienser i en liten kastrull och låt koka upp.
m) Sänk värmen för att sjuda och koka i 2 minuter.
n) Rör om och koka i ytterligare 2 minuter.
o) Ta av från värmen och låt den svalna lite innan du borstar kakan.

29.Magnolia Caramel Bundt tårta

INGREDIENSER:
MAGNOLIAKAKA:
- ⅔ kopp mandelmjölk
- 1 kopp magnolia kronblad (kronblad)
- 1 ½ dl glutenfritt mjöl (lika delar tapiokastärkelse och vitt rismjöl, plus 1 tsk xantangummi för var 4:e kopp)
- 1 ½ dl mandelmjöl
- ¼ tesked mald torkad ingefära
- ⅔ kopp mejerifritt smör, i rumstemperatur
- 1 tsk söt kikärtsmiso
- 1 ½ koppar strösocker
- 2 tsk bakpulver
- 1 msk vaniljstångspasta
- 5 stora ägg, i rumstemperatur

KANDIDERADE KRIKNICKOR:
- 16 magnolia blomblad
- 1 äggvita
- 1 tsk vodka
- Strösocker

GLASYR:
- ½ kopp mejerifritt smör, i rumstemperatur
- ¾ kopp farinsocker
- 3 matskedar mandelmjölk
- 2 koppar strösocker

INSTRUKTIONER:
a) Värm ugnen till 325°F. Smörj en buntform med 10 koppar ordentligt.
b) Mixa mandelmjölk och magnolia blomkål i en mixer tills det är slätt. Avsätta.
c) Vispa ihop glutenfritt mjöl, mandelmjöl och mald torkad ingefära i en medelstor skål.
d) I en annan skål, vispa ihop mejerifritt smör och miso. Tillsätt bakpulver, vanilj och strösocker; vispa tills det är slätt och fluffigt. Tillsätt äggen ett i taget, vispa ordentligt efter varje tillsats.
e) Tillsätt ⅓ av mjölblandningen, vispa tills det blandas, tillsätt sedan hälften av magnoliamjölken och vispa tills det blandas. Fortsätt omväxlande, börja och avsluta med mjölblandningen. Se till att allt är väl blandat innan du häller smeten i buntformen.
f) Grädda i 50-60 minuter, precis förbi den punkt där en insatt tandpetare kommer ut ren. (Inre temperatur bör vara 210°F eller något högre)

GÖR KANDIDERADE MAGNOLIA-KRINKAR
g) Vispa äggvita med vodka tills den är slät. Använd en ren pensel för att måla båda sidorna av en magnoliablad med blandningen, tryck den på en sockerplatta, vänd och tryck på den andra sidan för att täcka. Upprepa med återstående blomblad.
h) Låt kakan svalna i formen i 15 minuter innan du vänder ut den på ett galler för att svalna helt.
i) Gör glasyren medan kakan svalnar. Koka upp veganskt smör, farinsocker och mandelmjölk i en kastrull på låg värme. Blanda tills farinsockret löst sig. Ta bort från värmen och tillsätt strösocker en kopp i taget, vispa ordentligt tills det är slät, så att du får en "drickande" konsistens.
j) Häll glasyren över den varma kakan och fördela den jämnt. Placera kanderade magnoliablad på kakan medan frostingen fortfarande är varm, eftersom den stelnar när den svalnar.

30. Bundt tårta med körsbärsblommor

INGREDIENSER:
SAKURA SPRINKLES:
- 1 stor äggvita
- 2 ¼ koppar ekologiskt strösocker (282g)
- 1 tsk rent vaniljextrakt
- 1 tsk Sakura-extrakt (rosvatten eller apelsinblomma kan ersättas)
- 1-2 tsk vatten efter behov
- Gel matfärgning: olika nyanser av rosa

KÖRSBÄRSBLOMMAR KONFETTIKAKA:
- 1 kopp osaltat smör, mjukat (226g)
- 2 koppar strösocker (400g)
- ⅓ kopp raffinerad kokosolja (72g)
- 2 tsk rent vaniljextrakt
- 2 tsk Sakura-extrakt (rosvatten eller apelsinblomma kan ersättas)
- 1 tsk fint havssalt
- 2 tsk bakpulver
- 4 stora äggvitor, i rumstemperatur
- 360 g kakmjöl (ca 3 koppar, skaka mjölet, strö över det i måttbägaren och jämna ut koppen)
- 1 kopp Sakura strössel (uppifrån)

ROSA SAKURA GLASUR:
- 1 kopp strösocker (113g)
- 1-2 msk blodapelsinjuice eller fryst hallonpuré (fröna borttagna)
- 1 tsk Sakura-extrakt

INSTRUKTIONER:
SAKURA SPRINKLES:
a) Smörj tre plåtar och klä dem med bakplåtspapper. Ha en spritspåse försedd med en spritspets med två hål redo; vik ut påsen halvvägs och lägg den upp och ner i en tom kopp.
b) Vispa ihop äggvita, strösocker, vanilj och sakuraextrakt. Justera konsistensen med vatten tills det liknar "lim".
c) Dela upp pastan i tre skålar och färga var och en med en annan nyans av rosa. Sprid linjer av pasta på kakorna, börja med den ljusaste rosa och gå vidare till den mörkaste. Låt det torka över natten.
d) Nästa dag, bryt de härdade pinnarna i små bitar. Ställ åt sidan tills den ska användas.

KÖRSBÄRSBLOMMAR KONFETTIKAKA:
e) Värm ugnen till 350°F. Smörj en buntform med 10 koppar med bakspray.
f) Vispa ihop smör, kokosolja, salt, socker, extrakt och bakpulver i en stående mixer tills det är fluffigt (minst fem minuter).
g) Tillsätt äggvitan en efter en, vispa ordentligt efter varje tillsats. Vispa i ytterligare några minuter efter att alla ägg har inkorporerats.
h) Sikta i kakmjöl över smeten och rör ner den med en gummispatel. Häll i kefir medan mixern är på, vispa tills den är helt blandad.
i) Vik in Sakura strössel med en gummispatel. Häll smeten i buntformen och grädda i cirka 45 minuter eller tills mitten fjädrar tillbaka när du trycker på den.
j) Låt kakan svalna i formen i 5-10 minuter, vänd sedan upp den på en tallrik för att svalna helt.

ROSA SAKURA GLASUR:
k) Blanda alla glasyringredienser till en pasta. Justera tjockleken med juice.
l) Häll glasyren över den avsvalnade buntkakan. Lägg resterande strössel ovanpå.
m) Förvara kakan i en lufttät behållare i rumstemperatur i upp till 3 dagar för optimal fräschör. Njut av de delikata smakerna och det fantastiska utseendet på denna Körsbär Blomma Bundt Kaka!

31.Citron Ginger Bundt Kaka

INGREDIENSER:
FÖR TÅRAN:
- 2 ½ dl mjöl
- ½ tesked bakpulver
- ½ tsk bakpulver
- 1 tsk salt
- 1 dl smör, i rumstemperatur
- 1½ dl socker
- 1 kopp ricotta
- 2 msk citronskal (från cirka två citroner)
- 2 msk nyriven ingefära (eller 4 msk mald ingefära)
- 4 ägg i rumstemperatur
- ½ dl citronsaft (från ca 1 ½ citron)

FÖR GLASYREN:
- 2 dl strösocker, siktat
- 1 msk citronskal
- 4 matskedar citronsaft

INSTRUKTIONER:

a) Värm ugnen till 350 grader. Smörj en buntform med 10 koppar noggrant med smör och mjöl.
b) I en medelstor skål, vispa ihop mjöl, bakpulver, bakpulver och salt. Om du använder mald ingefära, tillsätt den till mjölblandningen vid denna tidpunkt.
c) I en stor skål, använd en stavmixer eller en elektrisk mixer, vispa smöret tills det är krämigt och slätt. Tillsätt gradvis sockret och vispa på medelhastighet tills det blir fluffigt.
d) Tillsätt ricotta, citronskal och riven ingefära. Vispa tills det blandas; det kan verka något separerat, men det är okej.
e) Tillsätt äggen ett i taget, vispa bara tills äggulorna försvinner.
f) Under omrörning på låg hastighet, tillsätt mjölblandningen växelvis med citronsaften, börja och avsluta med mjölet.
g) Häll smeten i den förberedda kakformen och jämna till toppen med en spatel. Knacka ordentligt på pannan några gånger för att minska bubblorna.
h) Grädda i 40-45 minuter eller tills en insatt tandpetare kommer ut ren. Låt kakan svalna i formen på galler i 10-20 minuter. Skaka kakformen försiktigt för att lossa den, vänd sedan upp den på gallret och låt den svalna helt.
i) Förbered glasyren under tiden. I en medelstor skål, vispa ihop strösocker, citronskal och citronsaft tills det är slätt.
j) Ringla glasyren över den avsvalnade kakan och låt stelna. Njut av!

32.Rose Pistachio Bundt tårta

INGREDIENSER:
- 2 1/2 koppar universalmjöl
- 1/2 tsk bakpulver
- 1/2 tsk bakpulver
- 1/4 tsk salt
- 1 kopp osaltat smör, rumstemperatur
- 2 koppar strösocker
- 4 ägg
- 1 tsk vaniljextrakt
- 1 tsk rosenvatten
- 1 kopp kärnmjölk
- 1 dl pistagenötter, fint hackade
- 2 matskedar torkade rosenblad (ätbara)

GLASYR:
- 1 kopp strösocker
- 2-3 matskedar mjölk
- 1/2 tsk rosenvatten
- Krossade pistagenötter och rosenblad till garnering

INSTRUKTIONER:
a) Värm ugnen till 350°F (175°C). Smörj och mjöla en buntform.
b) Vispa ihop mjöl, bakpulver, bakpulver och salt.
c) Rör smör och socker ljust och pösigt. Tillsätt äggen, ett i taget, och blanda sedan i vanilj och rosenvatten. Tillsätt växelvis torra ingredienser och kärnmjölk, börja och avsluta med torra ingredienser. Vänd ner pistagenötter.
d) Häll smeten i den förberedda pannan. Strö rosenblad över smeten och blanda försiktigt med ett spett för att skapa en marmorerad effekt.
e) Grädda i 50-60 minuter eller tills en insatt tandpetare kommer ut ren. Kyl i pannan i 10 minuter, vänd sedan upp på ett galler för att svalna helt.
f) För glasyren, vispa ihop strösocker, mjölk och rosenvatten tills det är slätt. Ringla över den avsvalnade kakan och garnera med krossade pistagenötter och rosenblad.

33. Earl Grey Te Bundt Kaka

INGREDIENSER:
- 3 koppar universalmjöl
- 1 tsk bakpulver
- 1/2 tsk bakpulver
- 1/2 tsk salt
- 1 kopp osaltat smör, mjukat
- 2 koppar strösocker
- 4 ägg
- 2 msk Earl Grey teblad (finmalda)
- 1 tsk vaniljextrakt
- 1 dl mjölk

GLASYR:
- 1 kopp strösocker
- 2-3 matskedar bryggt Earl Grey-te (kylt)

INSTRUKTIONER:
a) Värm ugnen till 350°F (175°C). Smörj och mjöla en buntform.
b) Blanda mjöl, bakpulver, bakpulver och salt. Avsätta.
c) Rör smör och socker ljust och pösigt. Tillsätt äggen, ett i taget, sedan vanilj. Blanda i malda teblad.
d) Tillsätt växelvis torra ingredienser och mjölk i smeten, börja och avsluta med torra ingredienser.
e) Häll smeten i den förberedda pannan. Grädda i 55-65 minuter eller tills en tandpetare kommer ut ren. Kyl i pannan och vänd sedan upp på ett galler.
f) För glasyren, vispa strösocker med bryggt te tills det är slätt. Ringla över den avsvalnade kakan.

34.Apelsin Blomma Mandel Bundt tårta

INGREDIENSER:
- 2 3/4 koppar universalmjöl
- 1 tsk bakpulver
- 1/2 tsk bakpulver
- 1/4 tsk salt
- 1 kopp osaltat smör, mjukat
- 2 koppar strösocker
- 5 ägg
- 2 tsk apelsinblomvatten
- Skal av 1 apelsin
- 1 kopp gräddfil
- 1 dl mandelmjöl

GLASYR:
- 1 kopp strösocker
- 3-4 msk apelsinjuice
- 1/2 tsk apelsinblomvatten

INSTRUKTIONER:
a) Värm ugnen till 350°F (175°C). Smörj och mjöla en buntform.
b) Vispa ihop universalmjöl, bakpulver, bakpulver och salt.
c) Rör smör och socker fluffigt. Tillsätt ägg, ett i taget, sedan apelsinblomsvatten och skal. Blanda omväxlande i torra ingredienser och gräddfil, börja och avsluta med torra ingredienser. Vänd ner mandelmjöl.
d) Häll i en buntform. Grädda i 60-70 minuter eller tills en testare kommer ut ren. Kyl, vänd sedan upp på ett galler.
e) Blanda strösocker, apelsinjuice och apelsinblomvatten för glasyren. Justera konsistensen med mer juice eller socker om det behövs. Ringla över kakan.

35.Salvia och Citrus Bundt tårta

INGREDIENSER:
- 3 koppar universalmjöl
- 2 tsk bakpulver
- 1/2 tsk bakpulver
- 1/2 tsk salt
- 1 kopp osaltat smör, rumstemperatur
- 2 koppar strösocker
- 4 ägg
- 1 msk färsk salvia, finhackad
- 2 msk citrusskal (citron-, lime- och apelsinblandning)
- 1 kopp kärnmjölk
- Saften av 1 citron

GLASYR:
- 1 kopp strösocker
- 2 msk citrusjuice (blandning av citron, lime och apelsin)
- Salviablad till garnering

INSTRUKTIONER:
a) Värm ugnen till 350°F (175°C). Smörj och mjöla en buntform.
b) Blanda mjöl, bakpulver, bakpulver och salt.
c) I en stor skål, blanda ihop smör och socker tills det är ljust och fluffigt. Vispa i äggen, ett i taget, och blanda sedan i salvia och citrusskal. Tillsätt växelvis torra ingredienser och kärnmjölk i smeten, börja och avsluta med torra ingredienser. Blanda i citronsaft.
d) Häll smeten i den förberedda pannan. Grädda i 55-65 minuter tills en tandpetare kommer ut ren. Låt svalna och vänd sedan upp på ett galler.
e) Till glasyren, vispa ihop strösocker och citrusjuice tills det är slätt. Ringla över den svalnade kakan och garnera med salviablad.

36. Kardemumma Päron Bundt tårta

INGREDIENSER:
- 3 koppar universalmjöl
- 1 tsk bakpulver
- 1/2 tsk bakpulver
- 1/4 tsk salt
- 2 tsk mald kardemumma
- 1 kopp osaltat smör, rumstemperatur
- 2 koppar strösocker
- 4 ägg
- 1 tsk vaniljextrakt
- 1 kopp gräddfil
- 2 päron, skalade, urkärnade och tärnade

GLASYR:
- 1 kopp strösocker
- 2-3 matskedar mjölk
- 1/2 tsk vaniljextrakt

INSTRUKTIONER:
a) Värm ugnen till 350°F (175°C). Smörj och mjöla en buntform.
b) I en skål, vispa ihop mjöl, bakpulver, bakpulver, salt och kardemumma.
c) I en stor skål, grädde smör och socker tills det är ljust och fluffigt. Vispa i äggen, ett i taget, och rör sedan ner vanilj. Tillsätt gradvis mjölblandningen, omväxlande med gräddfil, börja och avsluta med mjöl. Vänd ner tärnade päron.
d) Häll smeten i den förberedda pannan. Grädda i 60-70 minuter eller tills en insatt tandpetare kommer ut ren. Kyl i pannan i 10 minuter, vänd sedan upp på ett galler för att svalna helt.
e) För glasyren, vispa ihop strösocker, mjölk och vanilj tills det är slätt. Ringla över den avsvalnade kakan.

37.Timjan och honung Kanskech Bundt tårta

INGREDIENSER:
- 3 koppar universalmjöl
- 1 tsk bakpulver
- 1/2 tsk bakpulver
- 1/4 tsk salt
- 1 kopp osaltat smör, mjukat
- 1 1/2 koppar strösocker
- 1/2 kopp honung
- 4 ägg
- 2 tsk färska timjanblad
- 1 tsk vaniljextrakt
- 1 dl grekisk yoghurt
- 2 persikor, skalade och tärnade

GLASYR:
- 1 kopp strösocker
- 2 msk persikojuice eller mjölk
- 1 msk honung

INSTRUKTIONER:
a) Värm ugnen till 350°F (175°C). Smörj och mjöla en buntform.
b) Blanda mjöl, bakpulver, bakpulver och salt.
c) I en stor skål, blanda ihop smör, socker och honung tills det är fluffigt. Vispa i äggen, ett i taget, tillsätt sedan timjan och vanilj. Blanda omväxlande i torra ingredienser och grekisk yoghurt. Vänd ner tärnade persikor.
d) Häll i förberedd panna. Grädda i 55-65 minuter eller tills en tandpetare kommer ut ren. Kyl i pannan och vänd sedan upp på ett galler.
e) För glasyren, kombinera strösocker, persikojuice eller mjölk och honung. Justera konsistensen om det behövs. Ringla över kakan.

38. Jasmine Grön Te Bundt Kaka

INGREDIENSER:
- 3 koppar universalmjöl
- 1 1/2 tsk bakpulver
- 1/2 tsk bakpulver
- 1/4 tsk salt
- 1 kopp osaltat smör, rumstemperatur
- 2 koppar strösocker
- 4 ägg
- 2 msk grönt teblad av jasmin (finmalda)
- 1 tsk vaniljextrakt
- 1 kopp kärnmjölk

GLASYR:
- 1 kopp strösocker
- 2-3 matskedar bryggt jasmingrönt te (kylt)

INSTRUKTIONER:
a) Värm ugnen till 350°F (175°C). Smörj och mjöla en buntform.
b) Vispa ihop mjöl, bakpulver, bakpulver och salt.
c) I en stor skål, grädde smör och socker tills det är ljust och fluffigt. Tillsätt ägg, ett i taget, blanda sedan i malda teblad och vanilj. Tillsätt växelvis torra ingredienser och kärnmjölk, börja och avsluta med torra ingredienser.
d) Häll smeten i pannan. Grädda i 55-65 minuter eller tills en tandpetare kommer ut ren. Låt svalna i pannan och vänd sedan upp på ett galler.
e) För glasyren, vispa strösocker med bryggt te tills det är slätt. Ringla över den avsvalnade kakan, låt den stelna innan servering.

NÖTTIGA BUNDT-KAKER

39.Pralin Bundt tårta

INGREDIENSER:
- 3 koppar universalmjöl
- 1 tsk bakpulver
- 1 tsk kosher salt
- 1½ dl farinsocker
- 1½ koppar strösocker
- 1½ koppar (3 pinnar) osaltat smör, i rumstemperatur
- 5 stora ägg
- 1 kopp kärnmjölk
- 1 msk vaniljextrakt

FÖR GLASSEN:
- 5 matskedar osaltat smör
- 1 kopp farinsocker
- 1¼ koppar strösocker
- ¼ kopp indunstad mjölk
- 1 tsk vaniljextrakt
- 1 dl hackade pekannötter

INSTRUKTIONER:

a) Värm ugnen till 325 grader F. Spraya en stor Bundt-panna med nonstick-spray.
b) I en stor blandningsskål, sikta mjöl, bakpulver och salt tillsammans. Ställ åt sidan.
c) I en separat stor skål, kombinera sockerarter och osaltat smör. Blanda tills det är fint och krämigt, börja sedan lägga i äggen ett i taget. Blanda tills det är väl blandat.
d) Varva med att tillsätta kärnmjölken och de torra ingredienserna i skålen med smör-och-äggblandningen tills allt är i. Var noga med att blanda på låg hastighet. Tillsätt sedan vaniljen och vänd ner i smeten.
e) Häll kaksmeten i den förberedda formen och skaka för att få bort eventuella luftfickor. Grädda kakan i 1 timme till 1 timme och 15 minuter tills den är gyllenbrun. Ta ut ur ugnen och låt svalna i formen i 20 minuter innan du tar ut kakan från formen.
f) För att göra glasyren, smält smöret i en medelstor kastrull på medelhög värme. Tillsätt farinsocker och strösocker. Häll i den förångade mjölken och rör om. Låt bubbla i 2 minuter och stäng sedan av värmen. Tillsätt vaniljen och strö över pekannötterna. Blanda ner ingredienserna och låt stå i 20 minuter.
g) Häll pekannötsglasyren över hela kakan, och låt kakan stå i minst 30 minuter innan servering.

40.Jordnötssmör Och Gelé Virvla runt Bundt Tårta

INGREDIENSER:
- 2½ koppar universalmjöl
- 1½ tesked Bakpulver
- 1 tsk bakpulver
- ½ tsk salt
- ½ kopp osaltat smör; vid rumstemperatur
- 2 koppar socker
- ¼ kopp Chunky-stil jordnötssmör
- 2 tsk vaniljextrakt
- 3 stora ägg
- 1 kopp mejeri gräddfil
- ½ kopp Grape Jelly

INSTRUKTIONER:

a) Värm ugnen till 350 grader. Placera bakgallret i nedre tredjedelen av ugnen. Vispa ihop mjöl, bakpulver, bakpulver och salt; avsätta.

b) I en stor skål med en elektrisk mixer, vispa ihop smör och socker tills det är ljust och fluffigt.

c) Tillsätt jordnötssmör och vanilj, vispa tills det är väl blandat. Tillsätt äggen, ett i taget, vispa tills det är blandat.

d) Slå i gräddfil. Sänk mixern till lägsta hastighet och tillsätt gradvis mjölblandningen, blanda tills den precis blandas.

e) Häll hälften av smeten (cirka 3 koppar) i en smord 12-kopps Bundt-panna.

f) Lägg 3 T. av geléen över smeten, undvik kanterna på pannan. Rör delvis ner gelé i smeten med ett spett eller tunnkniv. Häll över den återstående smeten i en panna och klicka och virvla ner den återstående geléen i smeten.

g) Grädda i 1 timme eller tills en träplock som sticks in i mitten kommer ut ren.

h) Låt kakan svalna i formen i 10 minuter, vänd sedan upp på ett galler.

i) Servera varm eller i rumstemperatur.

41. Lönn valnöt Streusel Bundt tårta

INGREDIENSER:
FÖR TÅRAN:
- 1 ask gul kakmix
- ½ kopp osaltat smör, smält
- 1 kopp gräddfil
- ½ kopp ren lönnsirap
- 3 stora ägg
- 1 tsk vaniljextrakt

FÖR STREUSEL TOPPING:
- ½ kopp universalmjöl
- ¼ kopp strösocker
- ¼ kopp osaltat smör, kallt och i tärningar
- ½ kopp hackade valnötter

INSTRUKTIONER:
a) Värm ugnen till 350°F (175°C) och smörj rejält en buntkakaform.
b) I en stor blandningsskål, kombinera den gula kakmixen, smält smör, gräddfil, lönnsirap, ägg och vaniljextrakt. Blanda tills det är väl blandat och slätt.
c) Häll hälften av smeten i den förberedda tårtformen och fördela den jämnt.
d) För att göra streusel-toppningen, blanda universalmjölet och strösocker i en separat skål. Tillsätt det kalla tärningssmöret och använd en gaffel eller konditorivaror för att blanda tills det är smuligt. Rör ner de hackade valnötterna.
e) Strö hälften av streusel-toppen över kaksmeten i formen.
f) Häll resterande kaksmet över streuselskiktet och fördela det jämnt.
g) Toppa med resterande streuselblandning.
h) Grädda kakan i 45-50 minuter eller tills en tandpetare som sticks in i mitten kommer ut ren.
i) Låt kakan svalna i formen i cirka 15 minuter innan du överför den till ett galler för att svalna helt.

42.Nötig Banoffee Bundt Kaka

INGREDIENSER:
- 1 paket Krustez kanelvirvelsmulstårta och muffinsmix
- 1 ägg
- ⅔ kopp vatten
- 1 tsk vaniljextrakt
- ½ kopp hackade pekannötter
- ¼ kopp kola bitar
- 2 mogna bananer, mosade
- ¼ kopp kolasås
- Matlagningsspray

INSTRUKTIONER:
a) Värm ugnen till 350°F. Smörj en 6-kopps buntpanna lätt med matlagningsspray.
b) I en skål, kombinera kakmixen, ägget, vattnet, vaniljextraktet, ¼ kopp hackade pekannötter, kolabitar och mosade bananer tills de är inkorporerade. Smeten blir lite klumpig.
c) Häll hälften av smeten i den förberedda buntformen och fördela den jämnt. Strö hälften av kanelpåsen över smeten. Släpp resterande smet i små skedar över toppskiktet och bred ut det till kanten av pannan. Strö resterande topping jämnt över smeten.
d) Grädda i den förvärmda ugnen i 40-45 minuter eller tills en tandpetare i mitten kommer ut ren.
e) Kyl kakan i 5-10 minuter. Lossa kanterna på kakan från formen med en smörkniv och vänd försiktigt upp den på ett serveringsfat.
f) Ringla över kakan med kolasås och garnera med resterande hackade pekannötter.

43. Glaserad mandelbundtkaka

INGREDIENSER:
FÖR TÅRAN:
- 2 ½ koppar universalmjöl
- ½ kopp mald mandel
- 2 tsk bakpulver
- ½ tsk salt
- 1 dl smör, mjukat
- 2 koppar vitt socker
- 4 ägg
- 1 ⅔ tsk vaniljextrakt
- 1 ½ tsk mandelextrakt
- 1 dl mjölk

FÖR GLASYREN:
- ¼ kopp mjölk
- ¾ kopp vitt socker
- ½ tesked mandelextrakt
- ½ kopp skivad mandel

INSTRUKTIONER:

a) Värm ugnen till 350 grader F (175 grader C). Smörj och mjöla en 10-tums Bundt-panna.
b) Blanda mjöl, mald mandel, bakpulver och salt i en skål.
c) I en stor skål, blanda ihop smör och socker tills det är ljust och fluffigt.
d) Vispa i äggen, ett i taget, och rör sedan ner vanilj- och mandelextrakt.
e) Slå i mjölblandningen växelvis med mjölk, blanda bara tills den är inkorporerad.
f) Häll smeten i den förberedda Bundt pannan. Grädda i den förvärmda ugnen i 60 till 70 minuter, eller tills en tandpetare som sticks in i mitten av kakan kommer ut ren.
g) Kyl i 10 minuter, vänd sedan upp på ett galler och svalna i ytterligare 10 minuter.
h) Gör under tiden **GLAZE:** Blanda mjölk, socker, mandelextrakt och skivad mandel i en skål.
i) Ställ gallret och kakan över ett ark vaxat papper. Häll glasyren över den varma kakan.

44.Pistasch Bundt tårta

INGREDIENSER:
FÖR PISTACHOTAKAN:
- 2 ½ koppar (312 g) universalmjöl
- 2 tsk bakpulver
- ½ tsk salt
- ½ dl skalade och malda pistagenötter
- 1 kopp (226 g) osaltat smör, rumstemperatur
- 2 koppar (400 g) strösocker
- 4 stora ägg, rumstempererade
- 2 tsk pistaschextrakt (se anteckningar)
- 1 tsk vaniljextrakt
- 1 kopp (240 ml) helmjölk, rumstemperatur

FÖR VANILJGRISTEN:
- 1 ½ koppar (180 g) konditorisocker, siktat
- 1-2 msk mjölk
- 1 tsk rent vaniljextrakt
- ½ kopp skalade pistagenötter, till garnering

INSTRUKTIONER:
a) Värm ugnen till 350 ° F. Smörj och mjöla en 10-tums panna.
b) Vispa ihop mjöl, bakpulver, salt och malda pistagenötter. Avsätta.
c) I skålen med en stavmixer (eller använd en stavmixer), blanda ihop smör och socker tills det är ljust och krämigt, cirka 2 minuter.
d) Tillsätt äggen ett i taget, vispa ordentligt efter varje tillsats. Skrapa ner sidorna och botten av skålen vid behov. Blanda i pistageextrakt och vaniljextrakt.
e) Tillsätt växelvis mjölblandningen och mjölken, avsluta och avsluta med mjölblandningen. Blanda inte för mycket.

BAKA KAKAN:
f) Häll smeten i den förberedda pannan. Grädda vid 350 ° F i 60 till 70 minuter, eller tills en tandpetare som sticks in i mitten av kakan kommer ut ren. Kyl i pannan i 10 minuter, vänd sedan upp på ett galler för att svalna helt.

GÖR GLASSEN:
g) Vispa ihop konditorsocker, mjölk och vaniljextrakt. Häll över den avsvalnade kakan och garnera med skalade pistagenötter.
h) När glasyren har stelnat, skiva och servera denna läckra Pistachio Bundt Kaka.

45.Pecan Pie Bundt Kaka

INGREDIENSER:
FÖR TÅRAN:
- 2 matskedar smör
- 1 dl finhackade pekannötter
- 1 kopp osaltat smör, mjukat
- 1 ¾ koppar strösocker
- 1 msk vaniljextrakt
- 4 stora ägg
- 2 koppar universalmjöl
- 1 tsk bakpulver
- ¾ kopp apelsinblommahonung
- ½ kopp hel kärnmjölk

FÖR DUGGRETT:
- ½ kopp fast packat ljust farinsocker
- ¼ kopp osaltat smör
- 2 msk kaffegrädde (hasselnötssmak föredras)
- Nypa salt

INSTRUKTIONER:
a) Värm ugnen till 325°F.
FÖR TÅRAN:
b) Smörj 10-koppars Kugelhopf Bundt Pan med smör. Strö pekannötter i pannan och snurra pannan för att täcka. Lämna de återstående pekannötterna i botten av pannan, för att säkerställa en jämn fördelning.
c) Använd en stavmixer, vispa smör, socker och vanilj på medelhastighet tills det är fluffigt, cirka 4 till 5 minuter, och stanna upp för att skrapa skålens sidor.
d) Tillsätt äggen ett i taget, vispa ordentligt efter varje tillsats.
e) I en medelstor skål, vispa ihop mjöl och bakpulver. I en liten skål, rör ihop honung och kärnmjölk.
f) Tillsätt gradvis mjölblandningen till smörblandningen växelvis med kärnmjölksblandningen, börja och sluta med mjölblandningen. Vispa bara tills det blandas efter varje tillsats.
g) Häll smeten i den förberedda pannan.
h) Grädda tills en träplock som satts in nära mitten kommer ut med några fuktiga smulor, ca 1 timme.
i) Låt kakan svalna i formen i 10 minuter. Vänd upp kakan på ett galler och låt den svalna i ytterligare 30 minuter.
FÖR DUGGRETT:
j) Koka upp farinsocker, smör, kaffegrädde och salt i en liten kastrull.
k) Ta bort från värmen och ringla långsamt blandningen över den varma kakan.

46.Hasselnöt Choklad Virvla runtBundt Kaka

INGREDIENSER:
- 2 1/2 koppar universalmjöl
- 1/2 tsk bakpulver
- 1/2 tsk bakpulver
- 1/4 tsk salt
- 1 kopp osaltat smör, rumstemperatur
- 2 koppar strösocker
- 4 ägg
- 1 tsk vaniljextrakt
- 1 kopp gräddfil
- 1 dl hasselnötter, rostade och finhackade
- 1/2 kopp kakaopulver
- 1/4 kopp mjölk

GLASYR:
- 1 kopp strösocker
- 2 matskedar kakaopulver
- 3-4 matskedar mjölk
- Hackade hasselnötter till garnering

INSTRUKTIONER:
a) Värm ugnen till 350°F (175°C). Smörj och mjöla en buntform.
b) Vispa ihop mjöl, bakpulver, bakpulver och salt.
c) Rör smör och socker ljust och pösigt. Tillsätt äggen, ett i taget, och blanda sedan i vanilj. Tillsätt gradvis mjölblandningen, omväxlande med gräddfil. Rör ner hasselnötter.
d) Dela smeten på mitten. Blanda kakaopulver och mjölk till ena hälften. Lägg skedar av båda smetarna i pannan, snurra lätt med en kniv.
e) Grädda i 55-65 minuter eller tills en tandpetare kommer ut ren. Kyl i pannan i 10 minuter, vänd sedan upp på ett galler för att svalna helt.
f) För glasyren, vispa ihop strösocker, kakaopulver och mjölk tills det är slätt. Ringla över den avsvalnade kakan och strö över hackade hasselnötter.

47. Cashew Coconut Bundt Kaka

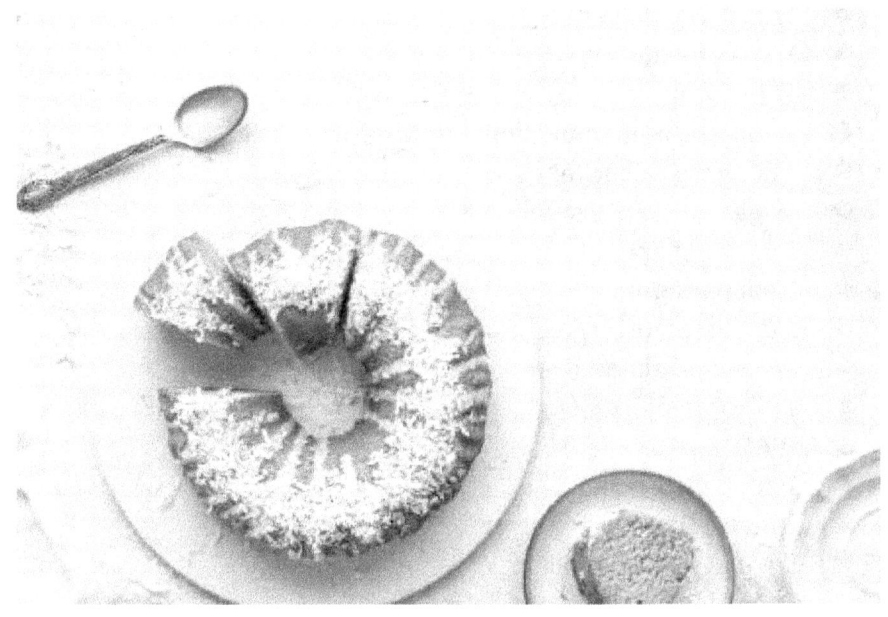

INGREDIENSER:
- 3 koppar universalmjöl
- 1 tsk bakpulver
- 1/2 tsk bakpulver
- 1/4 tsk salt
- 1 kopp osaltat smör, mjukat
- 2 koppar strösocker
- 4 ägg
- 1 tsk vaniljextrakt
- 1 dl kokosmjölk
- 1 dl cashewnötter, rostade och grovt hackade
- 1 dl riven kokos

GLASYR:
- 1 kopp strösocker
- 2-3 msk kokosmjölk
- Rostade strimlade kokos- och cashewbitar till garnering

INSTRUKTIONER:
a) Värm ugnen till 350°F (175°C). Smörj och mjöla en buntform.
b) Blanda mjöl, bakpulver, bakpulver och salt.
c) I en stor skål, grädde smör och socker tills det är fluffigt. Vispa i äggen, ett i taget, tillsätt sedan vanilj. Blanda omväxlande i torra ingredienser och kokosmjölk. Vänd ner hackade cashewnötter och riven kokos.
d) Häll smeten i den förberedda pannan. Grädda i 60-70 minuter eller tills en insatt tandpetare kommer ut ren. Kyl i pannan och vänd sedan upp på ett galler.
e) För glasyr, blanda strösocker med kokosmjölk tills det är slätt. Ringla över kakan och garnera med rostad kokos och cashewbitar.

48.Valnöt Honung Krydda Bundt Kaka

INGREDIENSER:
- 3 koppar universalmjöl
- 1 tsk bakpulver
- 1/2 tsk bakpulver
- 1/2 tsk salt
- 1 tsk mald kanel
- 1/2 tsk mald muskotnöt
- 1/4 tsk mald kryddnejlika
- 1 kopp osaltat smör, rumstemperatur
- 1 kopp strösocker
- 1 kopp honung
- 4 ägg
- 1 tsk vaniljextrakt
- 1 kopp kärnmjölk
- 1 dl valnötter, rostade och finhackade

GLASYR:
- 1 kopp strösocker
- 2-3 matskedar honung
- 2 msk mjölk
- Hackade valnötter till garnering

INSTRUKTIONER:
a) Värm ugnen till 350°F (175°C). Smörj och mjöla en buntform.
b) Vispa ihop mjöl, bakpulver, bakpulver, salt, kanel, muskotnöt och kryddnejlika.
c) I en stor skål, grädde smör, socker och honung tills det är ljust och fluffigt. Vispa i äggen, ett i taget, och rör sedan ner vanilj. Tillsätt växelvis torra ingredienser och kärnmjölk, börja och avsluta med torra ingredienser. Vänd i valnötter.
d) Häll i en buntform. Grädda i 60-70 minuter eller tills en testare kommer ut ren. Kyl i pannan och vänd sedan upp på ett galler.
e) För glasyren, vispa strösocker, honung och mjölk tills det är slätt. Ringla över den svalnade kakan och strö över hackade valnötter.

49.Macadamia Mango Bundt tårta

INGREDIENSER:
- 3 koppar universalmjöl
- 1 tsk bakpulver
- 1/2 tsk bakpulver
- 1/4 tsk salt
- 1 kopp osaltat smör, rumstemperatur
- 2 koppar strösocker
- 4 ägg
- 1 tsk vaniljextrakt
- 1 kopp gräddfil
- 1 dl macadamianötter, rostade och grovt hackade
- 1 dl färsk mango, tärnad

GLASYR:
- 1 kopp strösocker
- 2-3 msk mangojuice eller mjölk
- Krossade macadamianötter till garnering

INSTRUKTIONER:
a) Värm ugnen till 350°F (175°C). Smörj och mjöla en buntform.
b) Blanda mjöl, bakpulver, bakpulver och salt.
c) I en stor skål, blanda ihop smör och socker tills det är ljust och fluffigt. Vispa i äggen, ett i taget, och blanda sedan i vanilj. Tillsätt gradvis mjölblandningen, omväxlande med gräddfil. Vänd ner macadamianötter och mango.
d) Häll smeten i den förberedda pannan. Grädda i 60-70 minuter, eller tills en tandpetare som sticks in i mitten kommer ut ren. Kyl i pannan i 10 minuter, vänd sedan upp på ett galler för att svalna helt.
e) För glasyren, blanda strösocker med mangojuice eller mjölk tills det är slätt. Ringla över den avsvalnade kakan och strö över krossade macadamianötter.

50.Kastanj Choklad Chip Bundt tårta

INGREDIENSER:
- 3 koppar universalmjöl
- 1 tsk bakpulver
- 1/2 tsk bakpulver
- 1/4 tsk salt
- 1 kopp osaltat smör, mjukat
- 2 koppar strösocker
- 4 ägg
- 1 tsk vaniljextrakt
- 1 kopp kärnmjölk
- 1 dl kastanjpuré
- 1 dl chokladchips

GLASYR:
- 1 kopp strösocker
- 2 matskedar kakaopulver
- 3-4 matskedar mjölk
- Chokladchips och hackade kastanjer till garnering

INSTRUKTIONER:
a) Värm ugnen till 350°F (175°C). Smörj och mjöla en buntform.
b) Vispa ihop mjöl, bakpulver, bakpulver och salt.
c) Rör smör och socker ljust och pösigt. Tillsätt äggen, ett i taget, sedan vanilj. Blanda i kastanjepuré. Tillsätt växelvis torra ingredienser och kärnmjölk, avsluta med de torra ingredienserna. Vik i chokladbitar.
d) Häll i förberedd panna. Grädda i 55-65 minuter eller tills en tandpetare kommer ut ren. Kyl i pannan och vänd sedan upp på ett galler.
e) För glasyren, vispa strösocker, kakaopulver och mjölk tills det är slätt. Ringla över kakan och garnera med chokladchips och kastanjer.

51.Mandel Aprikos Bundt tårta

INGREDIENSER:
- 3 koppar universalmjöl
- 1 tsk bakpulver
- 1/2 tsk bakpulver
- 1/4 tsk salt
- 1 kopp osaltat smör, rumstemperatur
- 2 koppar strösocker
- 4 ägg
- 1 tsk mandelextrakt
- 1 kopp gräddfil
- 1 dl mandel, rostad och finhackad
- 1 kopp torkade aprikoser, hackade

GLASYR:
- 1 kopp strösocker
- 2-3 msk aprikosjuice eller mjölk
- Skivad mandel till garnering

INSTRUKTIONER:
a) Värm ugnen till 350°F (175°C). Smörj och mjöla en buntform.
b) Blanda mjöl, bakpulver, bakpulver och salt.
c) I en stor skål, grädde smör och socker tills det är fluffigt. Tillsätt ägg, ett i taget, sedan mandelextrakt. Tillsätt växelvis torra ingredienser och gräddfil, avsluta med torra ingredienser. Vänd ner mandel och aprikoser.
d) Häll smeten i pannan. Grädda i 60-70 minuter eller tills en insatt tandpetare kommer ut ren. Kyl i pannan och vänd sedan upp på ett galler.
e) För glasyren, blanda strösocker med aprikosjuice eller mjölk tills det är slätt. Ringla över kakan och garnera med skivad mandel.

KAFFE BUNDT TAKOR

52.Cappuccino Bundt tårta

INGREDIENSER:
- ⅓ kopp lättsmakande olivolja
- ½ kopp chokladchips
- ½ dl hackade nötter (hasselnötter eller valnötter)
- 1 paket gul kakmix
- 4 matskedar snabbespressokaffe
- 2 tsk mald kanel
- 3 stora ägg
- 1 ¼ koppar vatten
- Konditorsocker (för att pudra)

INSTRUKTIONER:

a) Förbered en 12-kopps Bundt-panna genom att pensla den med olivolja och strö den lätt med mjöl. Värm ugnen till 325°F (162°C).

b) Blanda chokladbitarna och hackade nötter. Skeda denna blandning jämnt i botten av den förberedda Bundt-pannan.

c) I en stor skål, rör ner snabbespressokaffet och malen kanel i den gula kakmixen.

d) Tillsätt ⅓ kopp olivolja, äggen och vatten till kakmixen. Blanda långsamt med en elektrisk mixer tills den precis är fuktad, vispa sedan på medelhastighet i 2 minuter.

e) Häll kaksmeten över chokladbiten och nöttoppningen i pannan.

f) Grädda i den förvärmda ugnen i cirka 60 minuter eller tills en tandpetare som sticks in i kakan kommer ut ren.

g) Låt kakan svalna på galler i 15 minuter, vänd sedan upp formen på ett serveringsfat och låt den svalna helt.

h) När kakan har svalnat, strö över den med konditorsocker.

i) Vid servering skivar du kakan och serverar den med lätt sötad ricottaost.

j) För att söta ricottan, blanda cirka 2 teskedar strösocker i 15 uns ricottaost. Pudra kakan med lite extra kanel för extra smak.

k) Njut av din läckra Cappuccino Bundt Kaka!

53.Mocka Bundt tårta med kaffe duggregn

INGREDIENSER:
FÖR TÅRAN:
- Nonstick bakspray, som varumärket Bakery's Joy
- 2½ koppar (300 gram) universalmjöl
- 2 koppar strösocker
- 1 tsk bakpulver
- ½ tsk matsalt
- 2 pinnar (16 matskedar) osaltat smör, skurna i små bitar
- 1½ koppar färskt varmt kaffe
- ½ kopp osötat kakaopulver
- ¼ kopp kärnmjölk
- 2 stora ägg, lätt vispade
- 1 tsk vaniljextrakt

FÖR KAFFE DRYZLE:
- 2–3 matskedar starkt kaffe eller espresso, kylt
- 1 kopp strösocker
- Nypa salt
- Chokladlockar, till garnering

INSTRUKTIONER:
FÖR TÅRAN:
a) Värm ugnen till 350°F och ställ in ett galler i mittläget. Spraya Bundt-formen med bakspray. Avsätta.
b) I en stor skål, vispa ihop mjöl, socker, bakpulver och salt.
c) Kombinera de 2 stängerna smör, kaffe och kakaopulver i en medelstor kastrull på medelvärme. Vispa hela tiden tills blandningen är slät och bubblar i kanterna, ta sedan av värmen.
d) Häll den fortfarande heta kakaoblandningen i de torra ingredienserna och använd en spatel för att vika in den tills den precis blandas. Tillsätt kärnmjölken, äggen och vaniljen och rör tills det är slätt.
e) Häll smeten i den förberedda Bundt-formen och grädda tills kakan dras bort från sidorna och en tårtprovare som sätts in i mitten kommer ut ren, 45 till 55 minuter.
f) Ta ut ur ugnen och låt stå i pannan i flera minuter. Håll ett svalkande galler över toppen av formen, vänd upp kakan på gallret och lyft av formen från kakan. Ställ gallret över en kantad bakplåt för att svalna helt.

FÖR KAFFE DRYZLE:
g) När kakan är sval får du kaffet att ringla: I en medelstor skål, häll 2 matskedar kaffe över strösockret och saltet och rör sedan tills det är slätt.
h) Duggregnet ska vara tillräckligt löst för att hällas men tillräckligt tjockt för att hålla fast. Justera konsistensen genom att tillsätta mer kaffe eller socker efter behov.
i) Häll droppen över kakan så att det droppar ner på sidorna och eventuellt överskott samlas på bakplåten.
j) Låt frostingen stelna i 5 minuter och dekorera sedan med chokladslingor.
k) Låt frostingen stelna helt innan servering.

54.Gräddfil kaffekaka

INGREDIENSER:
- 1 ¼ sticks smör, i rumstemperatur.
- 1 kopp socker
- 3 ägg
- 16 uns gräddfil
- 3 ½ koppar mjöl
- 2 tsk Bakpulver
- 1 tsk bakpulver
- ½ tsk salt (uteslut om du använder saltat smör)
- Florsocker

FYLLNING:
- ⅓ kopp fast packat farinsocker
- 2 tsk kanel
- 2 teskedar Mjöl
- 1 kopp hackade pekannötter (rostade pekannötter är bäst!)

INSTRUKTIONER:
a) Värm ugnen till 350 grader F.
b) Spraya en 10-tums buntpanna med non-stick bakspray.
c) I en medelstor skål, vispa ihop mjöl, bakpulver, bakpulver och salt.
d) Blanda farinsocker, kanel, mjöl och pekannötter i en liten skål.
e) Blanda smör och socker i skålen med en stående mixer tills det är fluffigt.
f) Tillsätt äggen ett i taget, blanda väl mellan tillsatserna.
g) Tillsätt mjölblandningen och gräddfil alternerande tillsatser, börja och sluta med mjölblandningen. Skrapa sidorna väl.
h) Häll hälften av smeten i buntformen. Strö farinsockerblandningen över smeten. Toppa med resterande smet.
i) Grädda i 50 – 60 minuter tills en tandpetare i mitten kommer ut ren.
j) Kyl i pannan i 5 minuter.
k) Ställ upp på ett galler och pudra över strösocker.

55. Espresso Bundt tårta med Ganache

INGREDIENSER:
FÖR TÅRAN:
- 1 kopp strösocker
- 1 kopp packat mörkt farinsocker
- 3½ koppar universalmjöl
- 3 tsk bakpulver
- 1 tsk bakpulver
- 1 tsk salt
- ½ kopp (1 pinne) osaltat smör, vid rumstemperatur
- 4 ägg
- ⅔ kopp helfet gräddfil
- ½ kopp vegetabilisk olja
- 1 msk vaniljextrakt
- 2-3 matskedar espressopulver
- 1⅓ koppar mörkrostat kaffe eller espresso i rumstemperatur

FÖR GANACHEN:
- 1 dl mörk chokladchips
- ½-¾ kopp tjock grädde

INSTRUKTIONER:

a) Värm ugnen till 350°F. Smör och mjöl i en buntform eller använd bakspray med mjöl. Avsätta.
b) Kombinera vitt och farinsocker, mjöl, bakpulver, bakpulver, bakpulver och salt i skålen med en stavmixer.
c) Tillsätt smöret och blanda tills det får en sandig konsistens.
d) I en medelstor skål, vispa ihop olja, gräddfil, ägg, vanilj och espressopulver.
e) När mixern går på låg, ringla sakta ner blandningen i de torra ingredienserna. Tillsätt till sist det rumstempererade kaffet.
f) Häll kaksmeten i den förberedda formen och grädda i 60-65 minuter, tills en tandpetare som sticks in i mitten kommer ut med bara några smulor.
g) Låt svalna något i pannan och vänd sedan upp på ett serveringsfat eller tårtställ för att avsluta kylningen.
h) När du är redo att servera, förbered ganachen. Kombinera chokladchips och tung grädde i en mikrovågssäker skål eller kopp. Mikrovågsugn i 20-sekunders intervall, rör om emellan, tills den är slät och krämig. Justera krämmängden efter önskemål för önskad konsistens.
i) Ringla chokladganachen på din tårta och servera! Njut av din Espresso Bundt-kaka med mörk chokladganache

56.Mocka Marmor Bundt tårta

INGREDIENSER:
BASE KAKA MIX:
- 250 g osaltat smör, rumstempererat
- 500g gyllene strösocker
- 8 stora ägg

VIT CHOKLAD MIX:
- 225g självjäsande mjöl
- 100g vit choklad, smält och kyld
- 100 g gräddfil
- 2 msk instant espressopulver, blandat med 1 msk kokande vatten

MÖRK CHOKLAD MIX:
- 100g mörk choklad, smält och kyld
- 200g självjäsande mjöl
- 25 g kakaopulver
- 120 g gräddfil

INSTRUKTIONER:
a) Använd en sprayolja för att lätt smörja en buntpanna med en kapacitet på 10-15 koppar, och se till att hela ytan, särskilt den centrala kolonnen, är belagd. Värm ugnen till 180C (160C fläkt).
b) I en stor skål, blanda ihop smör och socker med en elektrisk mixer tills det är ljust och fluffigt (cirka 5 minuter). Blandningen ska vara nästan vit till färgen och ljus i konsistensen.
c) Tillsätt äggen ett i taget, vispa tills de är helt blandade innan du tillsätter nästa.
d) Fördela smeten lika mellan två skålar.

FÖR DEN VITA CHOKLADMIXEN:
e) Blanda vit choklad, gräddfil och espressoblandning.
f) Tillsätt mjöl i smeten och blanda tills det blandas. Blanda den vita chokladblandningen.

FÖR DEN MÖRK CHOKLADMIXEN:
g) Blanda kakao med ett par matskedar gräddfil för att få en slät pasta. Blanda i resterande gräddfil och smält choklad. Tillsätt mjöl i smeten och blanda.
h) Lägg omväxlande skedar av de två smetarna i den förberedda pannan.
i) Snurra försiktigt ihop smeten med en smörkniv.
j) Grädda i den förvärmda ugnen i ca 50-60 minuter eller tills ett spett som sticks in i kakan kommer ut rent.
k) Kyl på galler i 10 minuter innan du vänder upp kakan så att den lossnar från formen. Låt den svalna helt innan servering.
l) Förvaras övertäckt håller kakan sig fräsch i 3-4 dagar. Njut av!

57.Irish Coffee Bundt Kaka

INGREDIENSER:
- 3 koppar universalmjöl
- 1 tsk bakpulver
- 1/2 tsk bakpulver
- 1/4 tsk salt
- 1 kopp osaltat smör, mjukat
- 2 koppar strösocker
- 4 ägg
- 2 tsk vaniljextrakt
- 1 kopp starkt bryggkaffe, kylt
- 1/4 kopp irländsk whisky
- 1 msk snabbkaffegranulat

GLASYR:
- 1 kopp strösocker
- 2 matskedar irländsk whisky
- 1 msk bryggkaffe

INSTRUKTIONER:
a) Värm ugnen till 350°F (175°C). Smörj och mjöla en buntform.
b) Vispa ihop mjöl, bakpulver, bakpulver och salt.
c) Rör smör och socker fluffigt. Vispa i äggen, ett i taget, och rör sedan ner vanilj. Lös snabbkaffe i bryggkaffet. Tillsätt växelvis torra ingredienser och kaffeblandning till smeten, börja och avsluta med torra ingredienser. Rör ner whisky.
d) Häll i förberedd panna. Grädda i 60-70 minuter eller tills en insatt tandpetare kommer ut ren. Kyl i pannan och vänd sedan upp på ett galler.
e) För glasyren, blanda strösocker, whisky och kaffe tills det är slätt. Ringla över den svalnade kakan.

58.Vanilj Mjölk Bundt tårta

INGREDIENSER:
- 3 koppar universalmjöl
- 1 tsk bakpulver
- 1/2 tsk bakpulver
- 1/4 tsk salt
- 1 kopp osaltat smör, rumstemperatur
- 2 koppar strösocker
- 4 ägg
- 2 tsk vaniljextrakt
- 1 kopp gräddfil
- 1/2 kopp starkt bryggkaffe, kylt
- 2 matskedar instant espressopulver

GLASYR:
- 1 kopp strösocker
- 2-3 matskedar mjölk
- 1 tsk vaniljextrakt

INSTRUKTIONER:
a) Värm ugnen till 350°F (175°C). Smörj och mjöla en buntform.
b) Vispa ihop mjöl, bakpulver, bakpulver och salt.
c) Rör smör och socker ljust och pösigt. Tillsätt äggen, ett i taget, och blanda sedan i vanilj. Lös upp espressopulver i bryggkaffe. Tillsätt växelvis torra ingredienser och kaffeblandning till smeten, börja och avsluta med torra ingredienser. Rör ner gräddfil.
d) Grädda i förberedd form i 55-65 minuter. Kyl, vänd sedan upp på ett galler.
e) Till glasyren, vispa ihop strösocker, mjölk och vanilj. Ringla över kakan.

59. Choklad Espresso Böna Bundt tårta

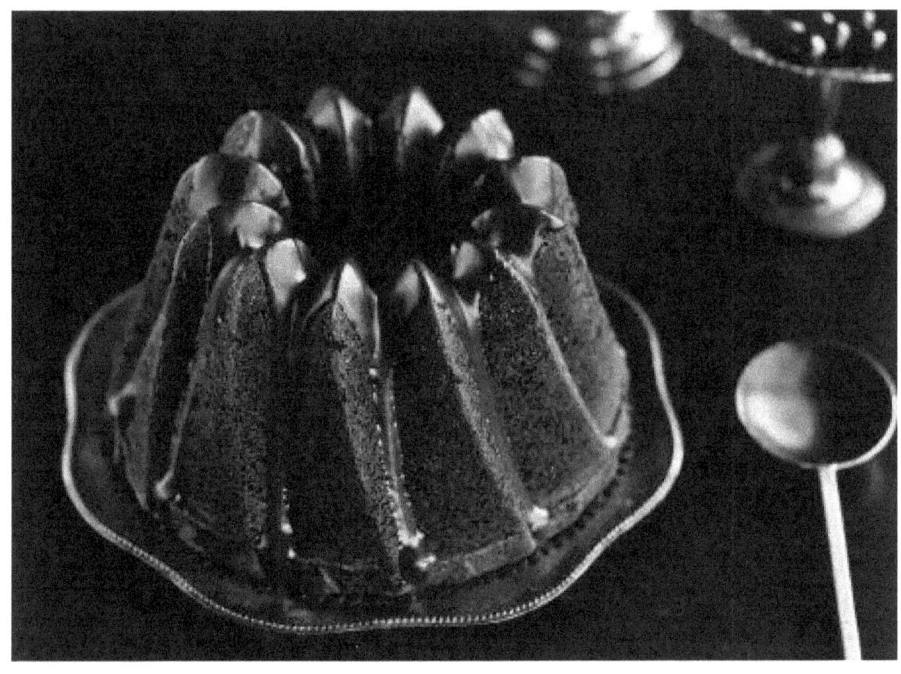

INGREDIENSER:
- 2 1/2 koppar universalmjöl
- 1/2 kopp osötat kakaopulver
- 1 tsk bakpulver
- 1/4 tsk salt
- 1 kopp osaltat smör, mjukat
- 2 koppar strösocker
- 4 ägg
- 1 tsk vaniljextrakt
- 1 kopp kärnmjölk
- 1/2 kopp stark bryggd espresso, kyld
- 1 dl chokladtäckta espressobönor, grovt hackade

GLASYR:
- 1 kopp strösocker
- 2 msk espresso, kyld
- Chokladtäckta espressobönor till garnering

INSTRUKTIONER:
a) Värm ugnen till 350°F (175°C). Smörj och mjöla en buntform.
b) Vispa ihop mjöl, kakao, bakpulver och salt.
c) Rör smör och socker fluffigt. Vispa i äggen, ett i taget, tillsätt sedan vanilj. Tillsätt växelvis torra ingredienser och kärnmjölk i smeten, börja och avsluta med torra ingredienser. Rör ner espresso. Vänd ner hackade espressobönor.
d) Häll i förberedd panna. Grädda i 60-70 minuter. Kyl, vänd sedan upp på ett galler.
c) Blanda strösocker och espresso till glasyren. Ringla över kakan och garnera med espressobönor.

60.Kanel kaffe Streusel Bundt tårta

INGREDIENSER:
- 3 koppar universalmjöl
- 1 msk bakpulver
- 1/2 tsk salt
- 1 kopp osaltat smör, rumstemperatur
- 2 koppar strösocker
- 4 ägg
- 1 tsk vaniljextrakt
- 1 kopp gräddfil
- 1/2 kopp starkt bryggkaffe, kylt

STREUSEL:
- 1 kopp farinsocker
- 2 tsk mald kanel
- 1 dl hackade valnötter

GLASYR:
- 1 kopp strösocker
- 2 msk mjölk
- 1/2 tsk kanel

INSTRUKTIONER:
a) Värm ugnen till 350°F (175°C). Smörj och mjöla en buntform.
b) Vispa ihop mjöl, bakpulver och salt.
c) Rör smör och socker fluffigt. Tillsätt äggen, ett i taget, sedan vanilj. Tillsätt växelvis torra ingredienser och gräddfil i smeten, börja och avsluta med torra ingredienser. Rör ner kaffe.
d) Blanda streusel ingredienser. Häll hälften av smeten i pannan, toppa med hälften av streuseln och upprepa sedan lagren.
e) Grädda i 65-75 minuter. Kyl, vänd sedan upp på ett galler.
f) Till glasyren, vispa strösocker, mjölk och kanel. Ringla över den svalnade kakan.

61. Hasselnöt kaffe Bundt tårta

INGREDIENSER:
- 2 koppar universalmjöl
- 1 kopp strösocker
- 1/2 kopp farinsocker
- 1/2 kopp osaltat smör, mjukat
- 1/2 kopp bryggt kaffe, kylt
- 1/2 kopp kärnmjölk
- 2 ägg
- 1 tsk vaniljextrakt
- 1 tsk bakpulver
- 1/2 tsk bakpulver
- 1/2 tsk salt
- 1/2 kopp hackade hasselnötter

FÖR GLASYREN:
- 1 kopp strösocker
- 2-3 matskedar bryggt kaffe, kylt
- 1/4 kopp hackade hasselnötter (för garnering)

INSTRUKTIONER:

a) Värm ugnen till 350°F (175°C). Smörj och mjöla en buntform.
b) I en stor bunke, grädda ihop smör, strösocker och farinsocker tills det är ljust och fluffigt.
c) Vispa i äggen, ett i taget, och rör sedan ner vaniljextraktet.
d) I en separat skål, kombinera mjöl, bakpulver, bakpulver och salt.
e) Tillsätt gradvis de torra ingredienserna till de våta ingredienserna, omväxlande med kärnmjölken och bryggkaffe. Blanda tills det precis är blandat.
f) Vänd ner de hackade hasselnötterna.
g) Häll smeten i den förberedda buntformen och jämna till toppen med en spatel.
h) Grädda i 40-45 minuter, eller tills en tandpetare som sticks in i mitten kommer ut ren.
i) Låt kakan svalna i formen i 10 minuter innan du vänder upp den på ett galler för att svalna helt.
j) För att göra glasyren, vispa ihop strösocker och bryggkaffe tills det är slätt. Ringla glasyren över den avsvalnade kakan och strö över hackade hasselnötter.
k) Låt glasyren stelna innan du skivar och serverar.

62.Tiramisu Bundt tårta

INGREDIENSER:
- 2 koppar universalmjöl
- 1 kopp strösocker
- 1/2 kopp osaltat smör, mjukat
- 1/2 kopp bryggt kaffe, kylt
- 1/2 kopp mjölk
- 2 ägg
- 1 tsk vaniljextrakt
- 1 tsk bakpulver
- 1/2 tsk bakpulver
- 1/4 tsk salt
- 1/4 kopp kakaopulver
- 1/4 kopp rom (valfritt)
- 1/4 kopp strösocker (för att pudra)

FÖR MASCARPONEFYLLNING:
- 8 uns mascarponeost, mjukad
- 1/2 kopp strösocker
- 1 tsk vaniljextrakt
- 1/2 kopp tung grädde

INSTRUKTIONER:
a) Värm ugnen till 350°F (175°C). Smörj och mjöla en buntform.
b) Grädda ihop smör och strösocker i en stor bunke tills det är ljust och fluffigt.
c) Vispa i äggen, ett i taget, och rör sedan ner vaniljextraktet.
d) I en separat skål, kombinera mjöl, bakpulver, bakpulver, salt och kakaopulver.
e) Tillsätt gradvis de torra ingredienserna till de våta ingredienserna, omväxlande med bryggkaffe och mjölk. Blanda tills det precis är blandat.
f) Häll hälften av smeten i den förberedda buntformen.
g) I en annan skål, vispa ihop mascarponeost, strösocker och vaniljextrakt tills det är slätt.
h) Vispa grädden i en separat skål tills det bildas styva toppar. Vänd försiktigt ner den vispade grädden i mascaroneblandningen.
i) Bred ut mascaronefyllningen över smeten i pannan.
j) Häll resterande smet över fyllningen, jämna till toppen med en spatel.
k) Grädda i 45-50 minuter, eller tills en tandpetare som sticks in i mitten kommer ut ren.
l) Låt kakan svalna i formen i 10 minuter innan du vänder upp den på ett galler för att svalna helt.
m) Om du använder rom, stick hål i kakan med ett spett och ringla rom över toppen.
n) Pudra den avsvalnade kakan med strösocker före servering.

63.Kaffe valnöt Bundt tårta

INGREDIENSER:
- 2 koppar universalmjöl
- 1 kopp strösocker
- 1/2 kopp farinsocker
- 1/2 kopp osaltat smör, mjukat
- 1/2 kopp bryggt kaffe, kylt
- 1/2 kopp kärnmjölk
- 2 ägg
- 1 tsk vaniljextrakt
- 1 tsk bakpulver
- 1/2 tsk bakpulver
- 1/2 tsk salt
- 1 dl hackade valnötter

FÖR GLASYREN:
- 1 kopp strösocker
- 2-3 matskedar bryggt kaffe, kylt

INSTRUKTIONER:
a) Värm ugnen till 350°F (175°C). Smörj och mjöla en buntform.
b) I en stor bunke, grädda ihop smör, strösocker och farinsocker tills det är ljust och fluffigt.
c) Vispa i äggen, ett i taget, och rör sedan ner vaniljextraktet.
d) I en separat skål, kombinera mjöl, bakpulver, bakpulver och salt.
e) Tillsätt gradvis de torra ingredienserna till de våta ingredienserna, omväxlande med kärnmjölken och bryggkaffe. Blanda tills det precis är blandat.
f) Vänd ner de hackade valnötterna.
g) Häll smeten i den förberedda buntformen och jämna till toppen med en spatel.
h) Grädda i 40-45 minuter, eller tills en tandpetare som sticks in i mitten kommer ut ren.
i) Låt kakan svalna i formen i 10 minuter innan du vänder upp den på ett galler för att svalna helt.
j) För att göra glasyren, vispa ihop strösocker och bryggkaffe tills det är slätt. Ringla glasyren över den avsvalnade kakan.
k) Låt glasyren stelna innan du skivar och serverar.

CHOKLAD BUNDT TAKOR

64.Choklad Bundt tårta

INGREDIENSER:
- 1 ½ koppar (150 g) mandelmjöl
- ½ kopp (75 g) Natvia
- ⅓ kopp (30 g) osötat kakaopulver
- 1 tesked (5g) bakpulver
- ⅓ kopp (85 g) osötad mandelmjölk
- 2 stora ägg (51g vardera)
- 1 tsk (5g) vaniljextrakt

INSTRUKTIONER:

a) Förvärm airfryern till 180ºC i 3 minuter.

b) I en stor mixerskål, rör om alla ingredienser tills de är väl kombinerade.

c) Spraya en mini Bundt-burk med olja. OBS: Bundt kakformar finns i en mängd olika storlekar, storleken du behöver beror på storleken på din airfryer. En lätt spray med olja eller en pensel med smält smör förhindrar att den fastnar .

d) Häll ner smeten i formen.

e) Lägg i airfryer-korgen och tillaga i 160ºC i 10 minuter.

f) Kyl i 5 minuter innan du tar bort.

65. Hershey's Cocoa Bundt Kaka

INGREDIENSER:
- ½ kopp Plus 1 matsked osaltat smör, delat
- 1 kopp Plus 1 matsked Hersheys kakao, uppdelad
- 1¾ kopp universalmjöl
- 2 koppar socker
- 2 tsk Bakpulver
- 1 tsk salt
- 3 stora ägg
- 1 kopp kärnmjölk
- 1 kopp starkt kaffe
- 1 tsk vanilj

INSTRUKTIONER:

a) Värm ugnen till 350F. Placera ugnsgallret i mitten av ugnen. Pensla en 12-kopps nonstick Bundt-panna lätt med 1 msk smör och pudra av pannan generöst med 1 msk kakao, ta bort överskottet.

b) Sikta torra ingredienser i en stor mixerskål. Smält och kyl den 1 staven smör. Kombinera det med de andra våta ingredienserna och blanda med de torra ingredienserna på medelhastighet i 2 minuter.

c) Häll smeten i pannan.

d) Grädda i 45-55 minuter, eller tills kakan drar bort från sidorna av formen och toppen fjädrar tillbaka lätt vid beröring.

66. Choklad Gingerbread Bundt Kaka

INGREDIENSER:
- 540 g vanligt mjöl
- ½ kopp Bourneville kakao
- ½ tesked bikarbonsoda
- 1 ½ msk kryddpeppar
- 4 ägg
- 240 g mörkt farinsocker
- 200 ml gyllene sirap
- 250 g smör
- 200 ml förtjockad grädde
- 300 ml mjölk
- Gräddostglasyr
- 240 g florsocker
- 250 g Philadelphia färskost
- ½ kopp citronsaft
- Bladguld att dekorera (valfritt)

INSTRUKTIONER:

a) Värm ugnen till 175 grader varmluft.

b) Smörj en 12-kopps Bundt-form. Avsätta.

c) Blanda mjöl, BOURNEVILLE kakao, bikarbonsoda, salt och kryddor i en skål. Avsätta.

d) Vispa ägg och socker i en stavmixer i 3 minuter tills det blir fluffigt. Tillsätt gyllene sirap och vispa tills det är slätt.

e) Smält smör i en kastrull och rör ner grädde och mjölk.

f) Tillsätt torra ingredienser och smörblandningen växelvis till äggblandningen och rör till en slät smet.

g) Häll smeten i den förberedda pannan. Grädda på nedersta ugnsgallret i 1 timme tills ett spett som sticks in kommer ut rent.

h) Ta ut från ugnen och låt svalna i pannan i 15 minuter, ta sedan upp formen på galler för att svalna helt. Klipp till basen så att den blir platt om så önskas.

i) För att göra glasyren, kombinera socker och PHILADELPHIA Grädde Ost i en skål och vispa tills det är slätt och krämigt. Rör igenom citronsaften till önskad konsistens.

j) Häll glasyren över den avsvalnade kakan.

k) Dekorera med bladguld.

67.Nutella Bundt tårta

INGREDIENSER:
FÖR TÅRAN:
- 3 koppar universalmjöl
- 2 ½ tsk bakpulver
- 1 tsk kosher salt
- 2 koppar strösocker
- 1 kopp olivolja
- ¾ kopp helfet yoghurt
- ½ kopp mascarponeost
- 4 stora ägg
- 1 msk vaniljextrakt
- 1 dl helmjölk
- 1 msk kakaopulver, siktat
- ¼ kopp Nutella

FÖR NUTELLA GANACHE:
- 1 kopp Nutella
- 1 kopp tung grädde
- ⅓ kopp osaltat smör
- 1 tsk kosher salt
- 2 msk ljus majssirap

INSTRUKTIONER:
ATT GÖRA TÅRAN:
a) Värm ugnen till 350F grader. Belägg en tårtform med smör eller nonstick-spray. Pudra lätt med mjöl, ta bort överskottet.
b) Vispa mjöl, bakpulver och salt i en medelstor skål. Avsätta.
c) I en stor skål, blanda socker, olivolja, yoghurt och mascarponeost med hjälp av en stavmixer. Vispa i äggen ett i taget tills det är helt blandat, tillsätt sedan vanilj och mjölk.
d) På låg hastighet, blanda mjölblandningen i de våta ingredienserna tills den precis blandas. Ta ut cirka 2 dl smet i en tom mjölskål och slå i kakaopulver och Nutella. Blanda tills chokladsmeten bildas.
e) Häll vaniljsmeten i den förberedda pannan. Tryck för att jämna ut smeten. Använd en slev eller glassskopa och släpp chokladsmeten ovanpå vaniljsmeten.
f) Använd en kniv eller spett, virvla ihop smeten, precis tillräckligt för att skapa en marmor men blanda inte för mycket.
g) Grädda i 50 minuter eller tills en tandpetare i mitten kommer ut ren. Låt svalna i en timme innan du tar ut den ur pannan.

ATT GÖRA GANACHEN:
h) Placera Nutella i en medelstor skål. Värm tjock grädde, smör, salt och majssirap i en kastrull tills det precis kokar.
i) Häll den varma gräddblandningen över Nutella och blanda till en slät smet. Låt sitta i 15 till 20 minuter för att tjockna. Häll ganache över den varma kakan och låt stelna innan servering. Njut av din Nutella Bundt-kaka!

68.Choklad Chip Bundt Kaka

INGREDIENSER:
FÖR CHOCLADE CHIP BUNDT-KAKA:
- 3 koppar (360 g) universalmjöl
- 2 tsk bakpulver
- ½ tsk salt
- ½ tsk mald kanel
- ¼ tesked mald muskotnöt
- 1 kopp (227g) osaltat smör, vid rumstemperatur
- 1 8-ounce tegelsten (227g) färskost, vid rumstemperatur
- 2 koppar (398 g) strösocker
- 1 matsked (14 ml) vaniljextrakt
- ½ tesked mandelextrakt (valfritt)
- 5 stora ägg, i rumstemperatur
- ⅓ kopp (76 g) gräddfil, vid rumstemperatur
- ⅓ kopp (76 ml) neutral olja (som raps, vegetabilisk eller flytande raffinerad kokosolja)
- 1 och ½ koppar (8 ounce) mini chokladchips

FÖR CHOKLAD GLASYREN:
- 4 uns (113 g) bittersöt choklad, finhackad
- ½ kopp (113 ml) tjock grädde
- 1 och ½ tsk majssirap (valfritt)

INSTRUKTIONER:
FÖR CHOCLADE CHIP BUNDT-KAKA:
a) Värm ugnen till 325°F.
b) I en medelstor skål, vispa ihop mjöl, bakpulver, salt, kanel och muskot tills det är väl kombinerat. Avsätta.
c) Vispa smöret och färskosten på medelhastighet tills det är slätt och krämigt i skålen på en stavmixer med paddeltillbehöret, eller i en stor skål med en handhållen elektrisk mixer.
d) Tillsätt gradvis sockret, öka sedan hastigheten till medelhög och fortsätt vispa tills det är ljust och fluffigt, cirka 3 minuter. Slå i vanilj- och mandelextrakten.
e) Sänk hastigheten till medel-låg, tillsätt sedan äggen, ett i taget, vispa ordentligt efter varje tillsats och skrapa ner sidorna av skålen efter behov. Slå i gräddfil och olja.
f) Sänk hastigheten till låg och tillsätt mjölblandningen, blanda bara tills det blandas. Vänd till sist ner minichokladbitarna.
g) Smörj generöst en 10-tums (12-koppars) buntpanna, se till att täcka alla skrymslen och vrår. Det rekommenderas att använda en non-stick bakspray med mjöl. Häll smeten i den förberedda pannan.
h) Grädda i 55 till 60 minuter eller tills kakan är gyllenbrun och en tandpetare som sticks in i mitten kommer ut ren.
i) Låt kakan svalna i formen på galler i 10 till 15 minuter. Vänd upp kakan på gallret och svalna helt, cirka 2 till 2 och ½ timme.

FÖR CHOKLAD GLASYREN:
j) Hacka chokladen fint och lägg den i en liten värmesäker skål. Avsätta.
k) Värm grädden på medelvärme tills den kokar upp. Ta av från värmen och häll den varma grädden över den hackade chokladen. Låt det sitta i 1 minut och vispa sedan tills det är slätt. Vispa i majssirap (om du använder).
l) Sked långsamt glasyren över kakan, låt den droppa ner på sidorna.
m) Låt glasyren stelna i minst 20 minuter innan du skivar och serverar!

69.Oreo Bundt Tårta Med Vaniljglasyr

INGREDIENSER:
KAKA:
- 340 gram osaltat smör (1½ koppar, 65°F, mjukat)
- 337 gram socker
- 75 gram mörkt farinsocker
- 3 stora ägg (rumstemperatur)
- 1 tsk vaniljstångspasta (eller vaniljextrakt)
- 279 gram universalmjöl
- 1 tsk bakpulver
- ¾ tesked diamantkristall kosher salt
- 187 gram helmjölk
- 40 gram svart kakaopulver
- 20 gram osötat kakaopulver
- 75 gram helfet gräddfil
- 8 Oreokakor

TOPPINGS:
- 130 gram strösocker (siktat)
- 1 matsked osaltat smör (smält)
- 4-6 tsk helmjölk
- 1 tsk vaniljstångspasta (eller vaniljextrakt)
- 4 oreokakor (hackade)

INSTRUKTIONER:
a) Ta upp smör och ägg till rumstemperatur. Smöret ska vara svalt men mjukt att ta på, inte smälta eller fett.
b) Mät upp båda sockerarterna i en behållare. I en annan behållare, vispa ihop mjöl, bakpulver och salt. Avsätta.
c) Sikta kakaopulver. Smörj en buntform med 10 koppar med non-stick spray. Avsätta.
d) Värm ugnen till 350°F.

BLOOM KAKAOPULVER:
e) Skålla mjölk i en liten kastrull på låg-medelvärme på spisen, snurra ofta i grytan tills små bubblor bildas runt kanterna. Sikta på en temperatur på 170°-180°F.
f) Ta bort från värmen och tillsätt det siktade kakaopulvret. Vispa väl tills inga klumpar finns kvar, tillsätt sedan gräddfil och vispa tills det är slätt och blandat. Avsätta.

Grädde SMÖR OCH SOCKER:
g) Skär smöret i stora bitar och lägg i skålen på en stavmixer. Vispa på medelhastighet för att mjukna, ca 1 minut.
h) Skrapa ner sidorna av skålen och tillsätt båda sockerarterna. Vispa på medel-låg hastighet tills det inte finns något löst socker i bunken, öka sedan hastigheten till medel och fortsätt att grädda i 3-7 minuter.
i) Rätt gräddat blir smöret och sockret blekbrunt och har en fluffig, luftig och pastaliknande konsistens. Skrapa ner skålens sidor.
j) Ett i taget, knäck ett ägg i en liten skål och tillsätt det sedan i mixerskålen. Vispa på medelhastighet i minst 60 sekunder, skrapa ner skålen innan du tillsätter nästa ägg.
k) Skrapa ner skålen och vispa igen på slutet.
l) Med mixern igång på lägsta möjliga hastighet, tillsätt omväxlande en tredjedel av de torra ingredienserna med hälften av de våta ingredienserna, börja och sluta med de torra ingredienserna.
m) Pausa mixern och skrapa ner skålen och vispen mellan varje tillsats.
n) Stoppa mixern när smeten är mest blandad och bara några mjölstrimmor syns. Använd en spatel för att blanda i eventuella sista bitar av torra ingredienser.

MONTERA:

o) Häll ungefär hälften av smeten i den smorda buntformen.
p) Använd en mini offset spatel för att jämna ut smeten, tryck ner den i alla skrymslen och vrår av pannan.
q) Lägg ett lager med hela Oreo-kakor runt mitten av pannan, så nära varandra som du kan få dem.
r) Häll resterande smet över toppen och jämna ut den i alla hörn och veck på pannan.
s) Knacka kastrullen mot bänken några gånger för att slå ut eventuella överflödiga luftbubblor.

BAKA:
t) Placera buntformen i mitten av en 350°F ugn i 60-65 minuter, tills en tandpetare eller kakprovare som är insatt i mitten kommer ut med bara några smulor som klamrar sig fast vid den.
u) Ta av pannan till ett galler som svalnar. Låt svalna i 15-20 minuter, vänd sedan upp kakan på ett galler för att svalna klart. Låt svalna helt innan du tillsätter glasyr.

ICING & TOPPING:
v) Sikta strösocker i en medelstor blandningsskål.
w) Tillsätt smält smör, vaniljstångspasta och en mindre mängd helmjölk. Vispa för att kombinera.
x) Tillsätt långsamt ytterligare mjölk 1 tsk eller ½ tsk åt gången, bara efter behov tills du har en tjock men flytande glasyr.
y) Spruta eller ringla glasyren runt toppen av kakan.
z) Toppa den våta glasyren med hackade Oreo-kakor och strö sedan över kvarvarande Oreo-smulor över toppen.
å) Låt glasyren stelna i några minuter innan du skär upp den.

70.Trippel chokladFudge Bundt Kaka

INGREDIENSER:
- 2 koppar universalmjöl
- 1 kopp osötat kakaopulver
- 2 tsk bakpulver
- 1/2 tsk bakpulver
- 1/2 tsk salt
- 1 kopp osaltat smör, mjukat
- 2 koppar strösocker
- 4 ägg
- 1 tsk vaniljextrakt
- 1 kopp gräddfil
- 1 kopp halvsöt chokladchips
- 1 dl mjölkchokladchips
- 1 kopp vita chokladchips

GLASYR:
- 1 kopp halvsöt chokladchips
- 1/2 kopp tung grädde
- 1 msk osaltat smör

INSTRUKTIONER:
a) Värm ugnen till 350°F (175°C). Smörj och mjöla en buntform.
b) I en medelstor skål, vispa ihop mjöl, kakaopulver, bakpulver, bakpulver och salt.
c) I en stor skål, blanda ihop smör och socker tills det är ljust och fluffigt. Vispa i äggen, ett i taget, och blanda sedan i vanilj. Tillsätt gradvis de torra ingredienserna till de våta ingredienserna, varva med gräddfil, börja och avsluta med de torra ingredienserna. Vänd ner chokladbitarna.
d) Häll smeten i den förberedda buntformen och jämna till toppen. Grädda i 50-60 minuter, eller tills en tandpetare som sticks in i mitten kommer ut ren. Låt kakan svalna i formen i 10 minuter och överför sedan till ett galler för att svalna helt.
e) För att göra glasyren, lägg de halvsöta chokladbitarna i en värmesäker skål. Värm grädden och smöret på medelvärme i en liten kastrull tills det precis börjar sjuda. Häll den varma grädden över chokladbitarna och låt stå i 2-3 minuter. Rör om tills det är slätt. Låt glasyren svalna i 10-15 minuter, ringla den sedan över den avsvalnade kakan.

71.Choklad Raspberry Virvla runtBundt Kaka

INGREDIENSER:
- 2 koppar universalmjöl
- 1 kopp osötat kakaopulver
- 1 tsk bakpulver
- 1/2 tsk bakpulver
- 1/2 tsk salt
- 1 kopp osaltat smör, mjukat
- 2 koppar strösocker
- 4 ägg
- 1 tsk vaniljextrakt
- 1 kopp kärnmjölk
- 1 kopp färska hallon

HALLONSVIRL:
- 1 kopp färska hallon
- 2 matskedar strösocker

GLASYR:
- 1 kopp strösocker
- 2-3 matskedar mjölk
- 1/2 tsk vaniljextrakt

INSTRUKTIONER:

a) Värm ugnen till 350°F (175°C). Smörj och mjöla en buntform.
b) I en medelstor skål, vispa ihop mjöl, kakaopulver, bakpulver, bakpulver och salt.
c) I en stor skål, blanda ihop smör och socker tills det är ljust och fluffigt. Vispa i äggen, ett i taget, och blanda sedan i vanilj. Tillsätt gradvis de torra ingredienserna till de våta ingredienserna, omväxlande med kärnmjölk, börja och avsluta med de torra ingredienserna.
d) Mosa hallonen med socker i en liten skål så att hallonen snurrar.
e) Häll hälften av smeten i den förberedda buntformen. Häll hälften av hallonvirveln över smeten. Upprepa med resterande smet och hallonvirvel. Använd en kniv för att försiktigt snurra smeten och hallonblandningen.
f) Grädda i 50-60 minuter, eller tills en tandpetare som sticks in i mitten kommer ut ren. Låt kakan svalna i formen i 10 minuter och överför sedan till ett galler för att svalna helt.
g) För att göra glasyren, vispa ihop strösocker, mjölk och vaniljextrakt tills det är slätt. Ringla över den avsvalnade kakan.

72.Mörk choklad apelsin Bundt tårta

INGREDIENSER:
- 2 koppar universalmjöl
- 1 kopp osötat kakaopulver
- 1 1/2 tsk bakpulver
- 1/2 tsk bakpulver
- 1/2 tsk salt
- 1 kopp osaltat smör, mjukat
- 2 koppar strösocker
- 4 ägg
- Skal av 1 apelsin
- 1/2 dl färskpressad apelsinjuice
- 1 kopp gräddfil
- 1 kopp halvsöt chokladchips

GLASYR:
- 1 kopp halvsöt chokladchips
- 1/2 kopp tung grädde
- Skal av 1 apelsin (valfritt)

INSTRUKTIONER:

a) Värm ugnen till 350°F (175°C). Smörj och mjöla en buntform.
b) I en medelstor skål, vispa ihop mjöl, kakaopulver, bakpulver, bakpulver och salt.
c) I en stor skål, blanda ihop smör och socker tills det är ljust och fluffigt. Vispa i äggen, ett i taget, och blanda sedan i apelsinskal och juice. Tillsätt gradvis de torra ingredienserna till de våta ingredienserna, varva med gräddfil, börja och avsluta med de torra ingredienserna. Vänd ner chokladbitarna.
d) Häll smeten i den förberedda buntformen och jämna till toppen. Grädda i 50-60 minuter, eller tills en tandpetare som sticks in i mitten kommer ut ren. Låt kakan svalna i formen i 10 minuter och överför sedan till ett galler för att svalna helt.
e) För att göra glasyren, lägg de halvsöta chokladbitarna i en värmesäker skål. Värm den tunga grädden på medelvärme i en liten kastrull tills den precis börjar sjuda. Häll den varma grädden över chokladbitarna och låt stå i 2-3 minuter. Rör om tills det är slätt. Låt glasyren svalna i 10-15 minuter, ringla den sedan över den avsvalnade kakan. Strö över apelsinskal, om så önskas.

OSTBUNDT TAKOR

73.Röd sammetBundt Kaka

INGREDIENSER:
- 1 ¼ koppar vegetabilisk olja
- 1 kopp kärnmjölk
- 2 ägg
- 2 matskedar röd matfärg
- 1 tsk äppelcidervinäger
- 1 tsk vaniljextrakt
- 2 ½ koppar vanligt mjöl
- 1 ¾ koppar strinsocker
- 1 tsk bakpulver
- En nypa salt
- 1 ½ msk kakaopulver

Gräddostglasyr :
- 225 g (8 ounce) färskost, rumstemperatur
- 5 matskedar osaltat smör
- 2 ½ dl florsocker
- 1 tsk vaniljextrakt

INSTRUKTIONER:

a) Värm ugnen till 180 grader C. Smörj och mjöla buntformen.
b) Blanda olja, kärnmjölk, ägg, matfärg, vinäger och vanilj i en stavmixer eller med en elektrisk mixer. Blanda väl.
c) I en separat skål, sikta ihop torra ingredienser. Tillsätt gradvis till de våta ingredienserna, vispa tills det är slätt.
d) Häll smeten i den förberedda pannan. Grädda i 50 minuter eller tills en tandpetare kommer ut ren.
e) Ta ut ur ugnen och låt stå i 10 minuter. Lossa sakta sidorna och vänd upp på ett galler för att svalna helt.
f) När den har svalnat, häll på färskostglasyren på toppen.

SÅ HÄR GÖR CRAME OST LAZE:

g) Kombinera smöret och färskosten i en stavmixer eller med en elektrisk mixer.
h) Tillsätt gradvis socker och vanilj på låg hastighet för att kombinera, vispa sedan på hög hastighet i tre minuter.

74.Pumpa Grädde Ost Bundt Kaka

INGREDIENSER:
KAKA:
- 1 burk fast pack pumpa (15 ounces)
- 2 koppar strösocker
- 4 stora ägg
- 1 kopp lätt olivolja
- 2 koppar universalmjöl
- 2 tsk pumpapajkrydda
- 2 tsk bakpulver
- ½ tesked finkornigt havssalt

Gräddostglasyr :
- 4 uns färskost, mjukad
- ¼ kopp osaltat smör, mjukat
- ½ tesked vaniljextrakt
- 1 ¾ dl konditorsocker
- ¼ kopp halv och halv eller mjölk

KANDIDERADE VALNÖTTER:
- 1 msk osaltat smör
- 1 tsk vaniljextrakt
- 1 kopp valnötshalvor och bitar
- ¼ kopp strösocker
- ½ tesked mald ingefära
- ½ tsk mald kanel
- ¼ tesked mald kryddnejlika

INSTRUKTIONER:
KAKA:
a) Värm ugnen till 350°F. Spraya en 10-tums räfflad rörpanna eller buntpanna med mjölbaserad bakspray (rekommenderas: Baker's Joy).
b) I en stor skål, vispa ihop pumpa, socker, ägg och olja tills det är väl blandat.
c) I en separat skål, vispa ihop mjöl, pumpapajkrydda, bakpulver och salt. Vispa gradvis ner de torra ingredienserna i pumpablandningen tills de är väl blandade.
d) Häll smeten i den förberedda bakformen och grädda i 50-55 minuter eller tills en tandpetare som sticks in nära mitten kommer ut ren. Låt kakan svalna i formen i 10 minuter innan du vänder ut den på ett galler. Kyl helt.

Gräddostglasyr :
e) I en liten skål, vispa färskost, smör och vaniljextrakt tills det blandas.
f) Vispa gradvis i konditorns socker och tillsätt sedan hälften och hälften (eller mjölk) tills blandningen är slät och väl blandad.
g) Häll glasyren över toppen av kakan, låt den breda ut sig och rinna ner på sidorna.

KANDIDERADE VALNÖTTER:
h) Smält smör i en stekpanna eller kastrull på medelvärme. Tillsätt vaniljextrakt och strösocker, rör om ofta för att förhindra att det bränns.
i) När sockret börjar smälta, tillsätt kanel, ingefära och kryddnejlika. Rör om tills blandningen är väl blandad.
j) Tillsätt valnötter och rör tills nötterna är väl belagda.
k) Stäng av värmen och häll omedelbart ut valnötshalvorna och bitarna på en plåt med bakplåtspapper, separera dem för att förhindra att de klumpar sig.
l) När nötterna har svalnat och beläggningen stelnar (cirka 5 minuter), strö dem ovanpå den iskalla kakan.
m) Servera och njut av den härliga kombinationen av smaker!

75. Citron Grädde Ost Bundt Kaka

INGREDIENSER:
FÖR CITRONKAKA:
- 3 koppar universalmjöl
- ¾ tesked bakpulver
- ½ tsk salt
- 1 kopp osaltat smör, mjukat
- 2 ¼ koppar strösocker
- 3 stora ägg
- 1 msk citronskal
- 2 msk citronsaft (färskpressad)
- 2 tsk vaniljextrakt
- 1 dl gräddfil, rumstemperatur
- Gul matfärg

FÖR GJÄDOSTFYLLNING:
- 8 uns färskost, mjukad
- ½ kopp strösocker
- 1 stort ägg
- 1 msk citronskal
- 1 tsk vaniljextrakt

FÖR GLASYREN:
- 2 koppar strösocker
- 4-5 matskedar helmjölk

INSTRUKTIONER:
FÖR CITRONKAKA:
a) Värm ugnen till 325 grader Fahrenheit. Spraya en 10-tums buntpanna i standardstorlek med nonstick-spray, för att säkerställa täckning i alla hörn och springor.
b) I en medelstor skål, vispa ihop mjöl, bakpulver och salt. Avsätta.
c) I en stavmixer med paddelfäste eller en stor skål med stavmixer, blanda smör och socker tills det är ljust och fluffigt. Skrapa ner sidorna.
d) Tillsätt äggen ett i taget, blanda in vart och ett innan du tillsätter nästa.
e) Blanda i citronskal, citronsaft och vanilj. Skrapa ner botten och sidorna av skålen.

f) Tillsätt hälften av mjölblandningen, blanda tills det precis blandas, tillsätt sedan hälften av gräddfilen. Upprepa med det återstående mjölet och gräddfilen, se till att skålen skrapas för fullständighet.
g) För in matfärgen och blanda tills du får önskad färg utan ränder. Ställ smeten åt sidan.

FÖR GJÄDOSTFYLLNING:
h) I en annan medelstor skål, vispa färskost tills den är slät med en hand- eller stående mixer.
i) Tillsätt socker och rör om tills det blandas.
j) Blanda i ägget, citronskalet och vaniljextraktet tills det är slätt och blandat.
k) Häll ungefär hälften av kaksmeten i den förberedda buntformen.
l) Häll färskostfyllningen över kaksmeten, undvik kanterna och mitten av formen.
m) Lägg resten av kaksmeten ovanpå och jämna ut den jämnt.
n) Grädda kakan i 60 till 75 minuter, eller tills en tandpetare kommer ut ren. Några fuktiga smulor är acceptabla.
o) Låt kakan svalna i formen i 10 minuter, vänd sedan upp den på ett galler för att svalna helt.

FÖR GLASYREN:
p) När kakan är kall gör du glasyren genom att vispa ihop strösocker och mjölk i en medelstor skål tills den är slät. Börja med 4 matskedar mjölk och tillsätt mer om det behövs. Glasyren ska vara tjock men hällbar.
q) Lägg kakan på ett tårtställ eller serveringsfat. Häll glasyren jämnt över kakan.
r) Låt glasyren stelna i ca 30 minuter.
s) Skär den i bitar och njut av den härliga kombinationen av citron, färskost och sötma. Njut av!

76.Choklad Gräddost Bundt tårta

INGREDIENSER:
FÖR TÅRAN:
- ½ kopp (113 g) smör, rumstemperatur
- ½ kopp (110 g) vegetabilisk olja
- 1 ½ koppar (300 g) socker
- 3 ägg
- 1 tsk (5g) vaniljextrakt
- 1 kopp (240 g) kärnmjölk
- 2 ¼ koppar (280 g) universalmjöl
- ¾ kopp (90 g) kakaopulver
- 3 teskedar (12g) bakpulver
- 1 tesked (5g) salt

FÖR GJÄDOSTFYLLNING:
- 12 uns (350 g) färskost, rumstemperatur
- ¼ kopp (50 g) strösocker
- 1 ägg
- 1 tsk (5g) vaniljextrakt

FÖR CHOKLAGDANACHEN:
- 4 uns (120 g) halvsöt choklad
- ½ kopp (120 g) vispgrädde

INSTRUKTIONER:
a) Värm ugnen till 350F (180C). Smör och pudra med mjöl i en 9 eller 10-tums (23-25 cm) buntpanna.

FÖRBERED CHOKLADTAKKSSMET:
b) I en stor skål, vispa ihop mjöl, kakaopulver, salt och bakpulver. Avsätta.
c) I en annan skål, blanda smör med socker och vegetabilisk olja tills det är krämigt. Tillsätt äggen ett i taget. Tillsätt vaniljextrakt och blanda för att kombinera.
d) Med mixern på låg, växelvis tillsätt kärnmjölk och mjölblandningen gradvis tills allt är väl införlivat. Avsätta.

GÖR KRÄMOSTFYLLNING:
e) I en stor skål, blanda färskost tills den är slät.
f) Tillsätt socker, ägg och vaniljextrakt och blanda tills det är väl blandat.

SAMLA TÅRAN:
g) Häll ungefär en tredjedel upp till hälften av chokladsmeten i den förberedda pannan. Använd baksidan av en sked för att skapa ett dike.
h) Lägg försiktigt färskostfyllningen i mitten. Lägg försiktigt resten av chokladsmeten över färskostfyllningen och på kanterna.
i) Grädda i ca 60-65 minuter eller tills en tandpetare som sticks in i mitten kommer ut ren.
j) Låt svalna något i pannan på galler i ca 10-15 minuter. Vänd upp och svalna helt.

FÖRBERED CHOKLAGDANACHEN:
k) Lägg choklad och grädde i en värmesäker skål och lägg över en kastrull med sjudande vatten. Smält på låg värme.
l) Häll ganache över chokladkakan. Låt stelna något innan servering.
m) Förvara resterna kylt. Njut av dekadensen!

77.Ostkaka-virvlad morotsbundtkaka

INGREDIENSER:
- 2 ¼ koppar universalmjöl
- 1 ½ tsk bakpulver
- 1 tsk bakpulver
- ½ tsk salt
- ½ tsk mald kanel
- ¼ tesked mald muskotnöt
- 2 koppar strimlade morötter
- 1 ½ koppar packat ljust farinsocker
- ¾ kopp krossad ananas, odränerad
- 4 ägg
- 1 kopp vegetabilisk olja
- 1 tsk vanilj
- ½ kopp hackade pekannötter
- 1 paket (250 g) färskost, uppmjukad
- ⅓ kopp strösocker
- 1 ägg
- 1 tsk vanilj
- 1 ½ dl florsocker
- ½ tsk vanilj
- 3 till 4 matskedar mjölk eller tung vispgrädde
- Ytterligare pekannötter, för garnering, efter önskemål

INSTRUKTIONER:

a) Värm ugnen till 350 ° F. Spraya en 12-kopps räfflad tårtform med matlagningsspray, eller smörj med smör och lätt mjöl.
b) I en stor skål, blanda mjöl, bakpulver, bakpulver, salt, kanel och muskotnöt. Lägg till strimlade morötter; kasta till beläggning. I en medelstor skål, vispa farinsocker, ananas, 4 ägg, vegetabilisk olja och 1 tsk vanilj. Lägg till torra ingredienser; rör bara tills det blandas. Rör ner hackade pekannötter.
c) I en medelstor skål, vispa ingredienserna till Grädde Ost Virvla runtmed en visp tills den är slät.
d) Häll hälften av kaksmeten i formen. Sked färskostblandning på toppen, lämna 1 tum runt kanterna. Häll resten av kaksmeten ovanpå.
e) Grädda i ca 60 minuter eller tills kakan fjädrar tillbaka när den trycks försiktigt. Låt svalna i pannan i 15 minuter och ta sedan av den till ett galler för att svalna helt, cirka 1 timme.
f) I en medelstor skål, blanda florsocker, ½ tsk vanilj och tillräckligt med mjölk för att göra en tjock men hällbar glasyr. Häll försiktigt över den avsvalnade kakan; toppa med pekannötter. Låt stå i 30 minuter så att frostingen stelnar innan servering.

78. Key Lime Jordgubbe Ostkaka Bundt Kaka

INGREDIENSER:
OSTCKE-FYLLNING:
- 8 uns färskost
- ½ kopp strösocker
- 1 ägg
- 1 tsk vaniljextrakt
- 2 tsk universalmjöl

Tårtbotten:
- 2 koppar universalmjöl
- 1 tsk bakpulver
- ½ tsk kosher salt
- 1 kopp osaltat smör
- 1 ⅔ kopp strösocker
- 4 ägg
- ½ msk vaniljextrakt
- ⅔ kopp mjölk

NYCKELLIMEKAKA:
- 1 limejuice
- 2 lime skalade
- Grön matfärg

JORDGUBBSTÅRTA:
- ½ dl jordgubbar, skalade och hackade
- Rosa matfärg

JORDGubbsLIMEGLASUR :
- 4 uns färskost
- ½ kopp strösocker, siktat
- 3 msk limejuice
- ½ tsk limeskal
- 2 jordgubbar, skalade och hackade

INSTRUKTIONER:
OSTCKE-FYLLNING:

a) I skålen med en elektrisk mixer, vispa färskost och socker tills det är väl blandat. Tillsätt ägg, vanilj och mjöl tills det är väl blandat. Avsätta.

Tårtbotten:

b) Värm ugnen till 325 grader F och smörj en 10-kopps Heritage bundt-panna med matlagningsspray.
c) I en medelstor skål, vispa mjöl, bakpulver och salt. Avsätta.
d) I en stående mixer, grädde smör och socker i 4-5 minuter på medelhög hastighet tills det är blekt och fluffigt.
e) Blanda äggen i ett i taget, helt införliva efter varje tillsats. Tillsätt vanilj.
f) Med mixern på låg hastighet, tillsätt mjölblandningen växelvis med mjölken, blanda tills den precis blandas.
g) Dela smeten i 2 skålar. Vik limejuice, skal och grön matfärg till den ena och färska jordgubbar och rosa matfärg i den andra.
h) Förbered 2 konditorivaror och fyll var och en med en av smetarna. Spruta in smeten, omväxlande med färgerna, i vecken av buntpannan, var försiktig så att du inte rinner över i de andra vecken.
i) När vecken är fyllda fortsätter du att fylla pannan tills den är halvfull. Häll ostkakafyllningen i mitten av smeten, låt den inte röra vid kanterna på formen. Sprid resterande smet i omväxlande lager och marmorera den om så önskas. Fördela smeten jämnt.
j) Grädda i 55-60 minuter, eller tills ett spett kommer ut rent.
k) Ta ut ur ugnen och överför pannan till ett galler som svalnar i 10-15 minuter. Lossa kakan genom att knacka den mot bänken för att lossa den, vänd sedan ut kakan på ett galler för att svalna helt.

JORDGubbsLIMEGLASUR :
l) Blanda färskost och strösocker i en liten skål. Använd en mixer för att grädda, blanda tills det är väl blandat.
m) Blanda limejuice, skal och hackade jordgubbar i en mortel eller botten av ett glas. Blanda i färskostblandningen, tillsätt mer limejuice om det behövs för att tunna ut.
n) Häll glasyr på den varma kakan. Garnera med skivade jordgubbar och limeskal.

79.Blåbär Citron Mascarpone Bundt tårta

INGREDIENSER:
- 2 koppar universalmjöl
- 1 kopp strösocker
- 1/2 kopp osaltat smör, mjukat
- 1/2 dl mascarponeost, uppmjukad
- 1/2 kopp mjölk
- 2 ägg
- 1 tsk vaniljextrakt
- 1 msk citronskal
- 1 msk citronsaft
- 1 tsk bakpulver
- 1/2 tsk bakpulver
- 1/4 tsk salt
- 1 dl färska blåbär

FÖR GLASYREN:
- 1 kopp strösocker
- 2 msk citronsaft
- Ytterligare citronskal till garnering

INSTRUKTIONER:
a) Värm ugnen till 350°F (175°C). Smörj och mjöla en buntform.
b) I en stor bunke, grädda ihop smör, mascarponeost och strösocker tills det är ljust och fluffigt.
c) Vispa i äggen, ett i taget, och rör sedan ner vaniljextrakt, citronskal och citronsaft.
d) I en separat skål, kombinera mjöl, bakpulver, bakpulver och salt.
e) Tillsätt gradvis de torra ingredienserna till de våta ingredienserna, omväxlande med mjölken. Blanda tills det precis är blandat.
f) Vänd försiktigt ner de färska blåbären.
g) Häll smeten i den förberedda buntformen och jämna till toppen med en spatel.
h) Grädda i 45-50 minuter, eller tills en tandpetare som sticks in i mitten kommer ut ren.
i) Låt kakan svalna i formen i 10 minuter innan du överför den till ett galler för att svalna helt.
j) För att göra glasyren, vispa ihop strösocker och citronsaft tills det är slätt. Ringla glasyren över den avsvalnade kakan och strö över ytterligare citronskal.
k) Låt glasyren stelna innan du skivar och serverar.

80.Ricotta Apelsin Mandel Bundt tårta

INGREDIENSER:
- 2 koppar universalmjöl
- 1 kopp strösocker
- 1/2 kopp osaltat smör, mjukat
- 1 kopp ricottaost
- 1/4 kopp färsk apelsinjuice
- Skal av 1 apelsin
- 2 ägg
- 1 tsk vaniljextrakt
- 1 tsk mandelextrakt
- 1 tsk bakpulver
- 1/2 tsk bakpulver
- 1/4 tsk salt
- 1/2 kopp skivad mandel, till garnering

INSTRUKTIONER:
a) Värm ugnen till 350°F (175°C). Smörj och mjöla en buntform.
b) I en stor bunke, grädda ihop smör, ricottaost och strösocker tills det är ljust och fluffigt.
c) Vispa i äggen, ett i taget, och rör sedan ner vaniljextrakt, mandelextrakt, apelsinjuice och apelsinskal.
d) I en separat skål, kombinera mjöl, bakpulver, bakpulver och salt.
e) Tillsätt gradvis de torra ingredienserna till de våta ingredienserna, blanda tills de precis blandas.
f) Häll smeten i den förberedda buntformen och jämna till toppen med en spatel.
g) Grädda i 45-50 minuter, eller tills en tandpetare som sticks in i mitten kommer ut ren.
h) Låt kakan svalna i formen i 10 minuter innan du överför den till ett galler för att svalna helt.
i) När den svalnat, strö den skivade mandeln över toppen av kakan.
j) Skiva och servera.

81. Maple Pecan Grädde Ost Bundt Kaka

INGREDIENSER:
- 2 koppar universalmjöl
- 1 kopp strösocker
- 1/2 kopp osaltat smör, mjukat
- 1 dl färskost, mjukad
- 1/4 kopp lönnsirap
- 1/4 kopp mjölk
- 2 ägg
- 1 tsk vaniljextrakt
- 1 tsk bakpulver
- 1/2 tsk bakpulver
- 1/4 tsk salt
- 1 dl hackade pekannötter

FÖR GLASYREN:
- 1/2 kopp strösocker
- 2 msk lönnsirap
- 1 msk mjölk

INSTRUKTIONER:
a) Värm ugnen till 350°F (175°C). Smörj och mjöla en buntform.
b) I en stor bunke, blanda ihop smör, färskost och strösocker tills det är ljust och fluffigt.
c) Vispa i äggen, ett i taget, och rör sedan ner lönnsirap, mjölk och vaniljextrakt.
d) I en separat skål, kombinera mjöl, bakpulver, bakpulver och salt.
e) Tillsätt gradvis de torra ingredienserna till de våta ingredienserna, blanda tills de precis blandas.
f) Vänd ner de hackade pekannötterna.
g) Häll smeten i den förberedda buntformen och jämna till toppen med en spatel.
h) Grädda i 45-50 minuter, eller tills en tandpetare som sticks in i mitten kommer ut ren.
i) Låt kakan svalna i formen i 10 minuter innan du överför den till ett galler för att svalna helt.
j) För att göra glasyren, vispa ihop strösocker, lönnsirap och mjölk tills det är slätt. Ringla glasyren över den avsvalnade kakan.
k) Låt glasyren stelna innan du skivar och serverar.

82.Hallon vit chokladOst Bundt Kaka

INGREDIENSER:
- 2 koppar universalmjöl
- 1 kopp strösocker
- 1/2 kopp osaltat smör, mjukat
- 1 dl färskost, mjukad
- 1/4 kopp mjölk
- 2 ägg
- 1 tsk vaniljextrakt
- 1 kopp färska hallon
- 1/2 kopp vita chokladchips

FÖR GLASYREN:
- 1/2 kopp vita chokladchips
- 2 msk tung grädde
- Ytterligare färska hallon till garnering

INSTRUKTIONER:
a) Värm ugnen till 350°F (175°C). Smörj och mjöla en buntform.
b) I en stor bunke, blanda ihop smör, färskost och strösocker tills det är ljust och fluffigt.
c) Vispa i äggen, ett i taget, och rör sedan ner mjölk och vaniljextrakt.
d) I en separat skål, kombinera mjöl och vita chokladchips.
e) Tillsätt gradvis de torra ingredienserna till de våta ingredienserna, blanda tills de precis blandas.
f) Vänd försiktigt ner de färska hallonen.
g) Häll smeten i den förberedda buntformen och jämna till toppen med en spatel.
h) Grädda i 45-50 minuter, eller tills en tandpetare som sticks in i mitten kommer ut ren.
i) Låt kakan svalna i formen i 10 minuter innan du överför den till ett galler för att svalna helt.
j) För att göra glasyren smälter du de vita chokladchipsen och grädden tillsammans i en mikrovågssäker skål, rör om tills det är slätt. Ringla glasyren över den avsvalnade kakan och garnera med ytterligare färska hallon.
k) Låt glasyren stelna innan du skivar och serverar.

BOOZY BUNDT-KAKER

83.Limoncello Bundt tårta

INGREDIENSER:
FÖR TÅRAN:
- 2 ½ koppar universalmjöl
- 2 tsk bakpulver
- ½ tsk salt
- 1 kopp osaltat smör, mjukat
- 2 koppar strösocker
- 4 stora ägg
- 1 tsk vaniljextrakt
- ¼ kopp Limoncello likör
- ½ kopp mjölk

FÖR GLASYREN:
- 1 kopp strösocker
- 2 msk limoncellolikör
- 1 msk färsk citronsaft
- Citronskal till garnering

INSTRUKTIONER:
a) Värm ugnen till 350°F (175°C). Smörj och mjöla en Bundt-panna.
b) I en medelstor skål, vispa ihop mjöl, bakpulver och salt.
c) Grädda ihop smör och strösocker i en stor bunke tills det är ljust och fluffigt.
d) Vispa i äggen, ett i taget, följt av vaniljextraktet.
e) Tillsätt gradvis de torra ingredienserna till smörblandningen, omväxlande med Limoncellolikör och mjölk. Börja och avsluta med de torra ingredienserna.
f) Häll smeten i den förberedda Bundt-pannan och fördela den jämnt.
g) Grädda i 45-50 minuter, eller tills en tandpetare som sticks in i mitten kommer ut ren.
h) Ta ut kakan från ugnen och låt den svalna i formen i 10 minuter. Lägg sedan över den på ett galler för att svalna helt.
i) I en liten skål, vispa ihop strösocker, limoncellolikör och färsk citronsaft för att göra glasyren.
j) Ringla glasyren över den avsvalnade kakan.
k) Garnera med citronskal.
l) Skiva och servera den härliga hemgjorda Limoncello Bundt-kakan.

84. Baileys Pund Kaka

INGREDIENSER:
FÖR PUND kaka:
- 1 dl helmjölk
- 1 matsked vit vinäger
- 3 koppar universalmjöl
- 2 tsk mald kanel
- ½ tesked bakpulver
- ½ tsk salt
- 1 kopp osaltat smör, mjukat
- 2 ¾ kopp strösocker
- 4 stora ägg
- 1 msk vaniljextrakt
- ¼ kopp Baileys

FÖR BAILEYS-SÅSEN:
- ½ kopp osaltat smör
- ½ kopp packat farinsocker
- ½ kopp strösocker
- ⅓ kopp hälften och hälften
- 3 matskedar Baileys

INSTRUKTIONER:

a) Värm ugnen till 325°F. Smörj en 10-tums panna med bakspray eller smör och mjöla den. Avsätta.

b) I en liten skål, vispa ihop mjölk och vinäger. Avsätta. I en medelstor skål, vispa ihop mjöl, kanel, bakpulver och salt. Avsätta.

c) I en stor skål med en stående mixer, gräddsmör och socker tills det är ljust och fluffigt. Vispa i äggen ett i taget och rör sedan i vaniljextrakt tills det är väl blandat. Slå i mjölblandningen omväxlande med mjölk och Baileys.

d) Häll smeten i den förberedda buntformen. Grädda i 55 till 65 minuter, tills mitten är fast och en tandpetare kommer ut rent. Låt kakan svalna i 30 minuter innan den vänds upp på tårtfatet.

AMARETTO-SÅS:

e) Blanda smör, farinsocker och strösocker i en liten kastrull. Värm på medelvärme, rör ofta, tills den är slät. Tillsätt grädden och Baileys och låt sjuda upp. Sjud i 7 minuter, rör om ofta. Ta bort från värmen och låt svalna i 10 minuter.

f) Servera en halvtårta varm och ringla över varje skiva med Baileys-sås.

85.Irish Coffee kaka med whiskysås

INGREDIENSER:
BUNDT TÅRTA:
- 6 uns osaltat smör, rumstemperatur, skuren i bitar, plus extra för att smörja
- 8 uns farinsocker
- 5 uns starkt bryggkaffe, rumstemperatur
- 2 uns irländsk whisky
- 3 stora ägg, plus 1 äggula, från ett stort ägg
- 1 tsk vaniljextrakt
- 12 ½ uns universalmjöl
- 1 msk bakpulver
- 1 tsk bakpulver
- ⅛ tesked salt

WHISKYKARAMELLSÅS:
- 3 uns osaltat smör, skuren i bitar
- 3 uns farinsocker
- 2 uns irländsk whisky
- 1 nypa salt
- 2 uns tung vispgrädde

INSTRUKTIONER:
FÖR BUNDT-KAKA:
a) Värm ugnen till 350°F (175°C). Smörj en Bundt kakform med smör.
b) Grädda ihop det rumstempererade smöret och farinsockret i en mixerskål tills det är ljust och fluffigt.
c) Tillsätt bryggkaffe, irländsk whisky, ägg, äggula och vaniljextrakt till den krämade blandningen. Blanda väl.
d) I en separat skål, vispa ihop all-purpose mjöl, bakpulver, bakpulver och salt.
e) Tillsätt gradvis de torra ingredienserna till de våta ingredienserna, blanda tills de precis blandas.
f) Häll smeten i den förberedda Bundt-pannan, fördela den jämnt.
g) Grädda i den förvärmda ugnen i ca 45-50 minuter eller tills en tandpetare som sticks in i mitten kommer ut ren.
h) Låt kakan svalna i 10 minuter i formen innan du överför den till ett galler för att svalna helt.

FÖR WHISKYKARAMELLSÅS:
i) Smält smöret till kolasåsen i en kastrull på medelvärme.
j) Tillsätt farinsocker, irländsk whisky och en nypa salt. Rör hela tiden tills sockret löst sig och blandningen är slät.
k) Tillsätt gradvis den tunga vispgrädden under omrörning. Fortsätt koka ytterligare några minuter tills såsen tjocknar.
l) Ta bort från värmen och låt svalna något.

HOPSÄTTNING:
m) När kakan har svalnat helt, ringla whiskykolasåsen över toppen.
n) Skiva och servera, njut av de rika smakerna av Irish coffee i kakform.

86.Amaretto Bundt tårta

INGREDIENSER:
KAKA:
- 2 ½ dl mjöl
- ¾ tesked aluminiumfritt bakpulver
- ¼ tesked bakpulver
- ½ tsk salt
- 10 matskedar osaltat smör, i rumstemperatur
- 3 uns mandelmassa, i tärningar
- 1 ¼ koppar socker
- 2 stora ägg, i rumstemperatur
- 1 kopp fettsnål kärnmjölk, i rumstemperatur
- 2 matskedar Amaretto
- 1 tsk rent mandelextrakt

GLASYR:
- 1 msk smält smör
- Nypa salt
- 1/16 tsk rent mandelextrakt
- 1 matsked Amaretto
- 1 msk mjölk
- ¾ kopp strösocker, siktat

INSTRUKTIONER:

a) Värm ugnen till 350 ° F och spraya generöst en 10-kopps buntpanna med nonstick-spray. I en medelstor skål, vispa ihop mjöl, bakpulver, bakpulver och salt.

b) I en stor mixerskål, vispa smör, mandelmassa och socker på medelhastighet tills det är blekt och fluffigt. Sänk hastigheten till låg och tillsätt äggen ett i taget.

c) Kombinera kärnmjölk, Amaretto och mandelextrakt i en liten skål. Slå i mjölblandningen i tre tillsatser, omväxlande med kärnmjölksblandningen (börjar och slutar med mjölblandningen), bara tills den är inkorporerad.

d) Häll smeten i den förberedda buntformen och jämna till den med en förskjuten spatel. Knacka kraftigt på pannan för att minska luftbubblor.

e) Grädda i 40 till 45 minuter, tills kakan är gyllene, fjädrar tillbaka till beröring, och en testare insatt i mitten kommer ut ren eller med några smulor fästa. Kyl i pannan på galler i 10 minuter; vänd försiktigt upp på gallret och svalna helt.

f) För glasyren, vispa ihop smält smör, salt, mandelextrakt, Amaretto, mjölk och strösocker i en liten skål. Ringla glasyren över kakan och låt stelna innan servering.

g) Förvara resterna i en lufttät behållare i rumstemperatur.

87.Rom Raisin Bundt Kaka

INGREDIENSER:
- 1 dl mörk rom
- 1 dl russin
- 3 koppar universalmjöl
- 1 tsk bakpulver
- 1/2 tsk bakpulver
- 1/2 tsk salt
- 1 kopp osaltat smör, mjukat
- 2 koppar strösocker
- 4 ägg
- 1 tsk vaniljextrakt
- 1 kopp gräddfil

GLASYR:
- 1 kopp strösocker
- 2-3 matskedar mörk rom
- 1 msk tung grädde

INSTRUKTIONER:
a) Värm ugnen till 350°F (175°C). Smörj och mjöla en buntform.
b) Värm rom på låg värme i en liten kastrull. Tillsätt russin och låt dem dra i 15-20 minuter. Häll av och ställ åt sidan.
c) I en medelstor skål, vispa ihop mjöl, bakpulver, bakpulver och salt.
d) I en stor skål, blanda ihop smör och socker tills det är ljust och fluffigt. Vispa i äggen, ett i taget, och blanda sedan i vanilj. Tillsätt gradvis torra ingredienser till smörblandningen, varva med gräddfil, börja och avsluta med torra ingredienser. Vik i blötlagda russin.
e) Häll smeten i den förberedda pannan. Grädda i 50-60 minuter eller tills en tandpetare som sticks in i mitten kommer ut ren. Kyl i pannan i 10 minuter, vänd sedan upp på ett galler för att svalna helt.
f) För glasyren, vispa ihop strösocker, rom och tjock grädde tills det är slätt. Ringla över den avsvalnade kakan.

88.Bourbon Choklad Bundt tårta

INGREDIENSER:
- 1 kopp osaltat smör
- 1/3 kopp osötat kakaopulver
- 1 kopp vatten
- 2 koppar strösocker
- 2 koppar universalmjöl
- 1 tsk bakpulver
- 1/2 tsk salt
- 2 stora ägg
- 1/2 kopp gräddfil
- 1 tsk vaniljextrakt
- 1/4 kopp bourbon

GLASYR:
- 1 kopp strösocker
- 2 matskedar bourbon
- 1 msk mjölk

INSTRUKTIONER:

a) Värm ugnen till 350°F (175°C). Smörj och mjöla en buntform.

b) I en medelstor kastrull, kombinera smör, kakaopulver och vatten. Koka upp under konstant omrörning. Avlägsna från värme.

c) I en stor skål, vispa ihop socker, mjöl, bakpulver och salt. Tillsätt den heta kakaoblandningen och vispa tills den är slät.

d) Vispa ihop ägg, gräddfil, vanilj och bourbon i en separat skål. Tillsätt gradvis till kakaoblandningen, vispa tills det är väl blandat.

e) Häll smeten i den förberedda pannan. Grädda i 40-45 minuter eller tills en tandpetare som sticks in i mitten kommer ut ren. Kyl i pannan i 10 minuter, vänd sedan upp på ett galler för att svalna helt.

f) För glasyren, vispa ihop strösocker, bourbon och mjölk tills det är slätt. Ringla över den avsvalnade kakan.

89.Grand Marnier Apelsin Bundt tårta

INGREDIENSER:
- 1 kopp osaltat smör, mjukat
- 2 koppar strösocker
- 4 stora ägg
- 3 koppar universalmjöl
- 1 msk bakpulver
- 1/2 tsk salt
- 1 kopp gräddfil
- 1/4 kopp Grand Marnier (apelsinlikör)
- Skal av 2 apelsiner
- 1/4 kopp färsk apelsinjuice

GLASYR:
- 1 kopp strösocker
- 2-3 matskedar Grand Marnier
- Apelsinskal till garnering

INSTRUKTIONER:
a) Värm ugnen till 350°F (175°C). Smörj och mjöla en buntform.
b) I en stor skål, blanda ihop smör och socker tills det är ljust och fluffigt. Tillsätt äggen ett i taget, vispa ordentligt efter varje tillsats.
c) I en separat skål, vispa ihop mjöl, bakpulver och salt. Tillsätt gradvis till den gräddade blandningen växelvis med gräddfil, börja och avsluta med mjölblandningen. Rör ner Grand Marnier, apelsinskal och apelsinjuice.
d) Häll smeten i den förberedda pannan. Grädda i 50-60 minuter eller tills en tandpetare som sticks in i mitten kommer ut ren. Kyl i pannan i 10 minuter, vänd sedan upp på ett galler för att svalna helt.
e) För glasyren, vispa ihop strösocker och Grand Marnier tills det är slätt. Ringla över den avsvalnade kakan och garnera med apelsinskal.

90.Kahlua Choklad Bundt Kaka

INGREDIENSER:
- 1 kopp osaltat smör
- 1/4 kopp osötat kakaopulver
- 1 kopp vatten
- 2 koppar strösocker
- 2 koppar universalmjöl
- 1 tsk bakpulver
- 1/2 tsk salt
- 2 stora ägg
- 1/2 kopp gräddfil
- 1 tsk vaniljextrakt
- 1/2 kopp Kahlua (kaffelikör)

GLASYR:
- 1 kopp strösocker
- 2 matskedar Kahlua
- 1 msk mjölk

INSTRUKTIONER:
a) Värm ugnen till 350°F (175°C). Smörj och mjöla en buntform.
b) I en medelstor kastrull, kombinera smör, kakaopulver och vatten. Koka upp under konstant omrörning. Avlägsna från värme.
c) I en stor skål, vispa ihop socker, mjöl, bakpulver och salt. Tillsätt den heta kakaoblandningen och vispa tills den är slät.
d) Vispa ihop ägg, gräddfil, vanilj och Kahlua i en separat skål. Tillsätt gradvis till kakaoblandningen, vispa tills det är väl blandat.
e) Häll smeten i den förberedda pannan. Grädda i 40-45 minuter eller tills en tandpetare som sticks in i mitten kommer ut ren. Kyl i pannan i 10 minuter, vänd sedan upp på ett galler för att svalna helt.
f) För glasyren, vispa ihop strösocker, Kahlua och mjölk tills det är slätt. Ringla över den avsvalnade kakan.

91.Kryddad rom och ananas Bundt tårta

INGREDIENSER:
- 2 koppar universalmjöl
- 1 kopp strösocker
- 1/2 kopp osaltat smör, mjukat
- 1/2 kopp gräddfil
- 1/2 kopp krossad ananas, avrunnen
- 1/4 kopp kryddad rom
- 2 ägg
- 1 tsk vaniljextrakt
- 1 tsk bakpulver
- 1/2 tsk bakpulver
- 1/4 tsk salt

FÖR GLASYREN:
- 1 kopp strösocker
- 2 msk kryddad rom
- 1 msk ananasjuice

INSTRUKTIONER:
a) Värm ugnen till 350°F (175°C). Smörj och mjöla en buntform.
b) Grädda ihop smör och strösocker i en stor bunke tills det är ljust och fluffigt.
c) Vispa i äggen, ett i taget, och rör sedan ner vaniljextraktet.
d) Rör ner gräddfil, krossad ananas och kryddad rom tills det är väl blandat.
e) I en separat skål, kombinera mjöl, bakpulver, bakpulver och salt.
f) Tillsätt gradvis de torra ingredienserna till de våta ingredienserna, blanda tills de precis blandas.
g) Häll smeten i den förberedda buntformen och jämna till toppen med en spatel.
h) Grädda i 45-50 minuter, eller tills en tandpetare som sticks in i mitten kommer ut ren.
i) Låt kakan svalna i formen i 10 minuter innan du överför den till ett galler för att svalna helt.
j) För att göra glasyren, vispa ihop strösocker, kryddad rom och ananasjuice tills det är slätt. Ringla glasyren över den avsvalnade kakan.
k) Låt glasyren stelna innan du skivar och serverar.

92.Brandy-dränkt körsbärsmandelbundtkaka

INGREDIENSER:
- 1 kopp torkade körsbär
- 1/2 kopp konjak
- 2 koppar universalmjöl
- 1 kopp strösocker
- 1/2 kopp osaltat smör, mjukat
- 1/2 kopp gräddfil
- 1/2 kopp hackad mandel
- 2 ägg
- 1 tsk mandelextrakt
- 1 tsk vaniljextrakt
- 1 tsk bakpulver
- 1/2 tsk bakpulver
- 1/4 tsk salt

FÖR GLASYREN:
- 1 kopp strösocker
- 2 msk konjak

INSTRUKTIONER:

a) Blötlägg de torkade körsbären i konjak i en liten skål i minst 1 timme, eller över natten om möjligt.
b) Värm ugnen till 350°F (175°C). Smörj och mjöla en buntform.
c) Grädda ihop smör och strösocker i en stor bunke tills det är ljust och fluffigt.
d) Vispa i äggen, ett i taget, och rör sedan ner mandelextraktet och vaniljextraktet.
e) Rör ner gräddfilen tills den är väl blandad.
f) I en separat skål, kombinera mjöl, bakpulver, bakpulver och salt.
g) Tillsätt gradvis de torra ingredienserna till de våta ingredienserna, blanda tills de precis blandas.
h) Vänd ner de blötlagda körsbären (inklusive eventuell återstående konjak) och hackad mandel.
i) Häll smeten i den förberedda buntformen och jämna till toppen med en spatel.
j) Grädda i 45-50 minuter, eller tills en tandpetare som sticks in i mitten kommer ut ren.
k) Låt kakan svalna i formen i 10 minuter innan du överför den till ett galler för att svalna helt.
l) För att göra glasyren, vispa ihop strösocker och konjak tills det är slätt. Ringla glasyren över den avsvalnade kakan.
m) Låt glasyren stelna innan du skivar och serverar.

93.Prosecco Raspberry Bundt Kaka

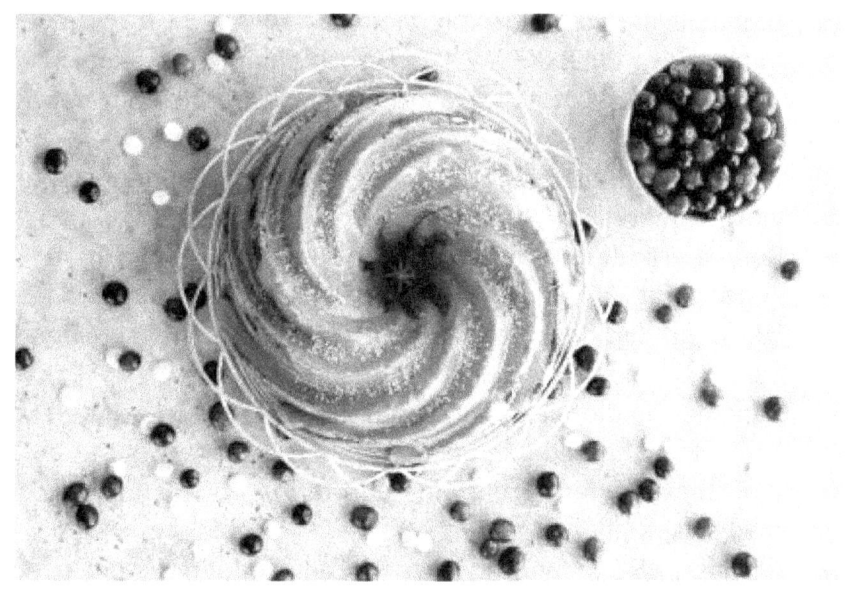

INGREDIENSER:
- 2 koppar universalmjöl
- 1 kopp strösocker
- 1/2 kopp osaltat smör, mjukat
- 1/2 kopp Prosecco
- 1/2 kopp mjölk
- 1 kopp färska hallon
- 2 ägg
- 1 tsk vaniljextrakt
- 1 tsk bakpulver
- 1/2 tsk bakpulver
- 1/4 tsk salt

FÖR GLASYREN:
- 1 kopp strösocker
- 2 matskedar Prosecco

INSTRUKTIONER:
a) Värm ugnen till 350°F (175°C). Smörj och mjöla en buntform.
b) Grädda ihop smör och strösocker i en stor bunke tills det är ljust och fluffigt.
c) Vispa i äggen, ett i taget, och rör sedan ner vaniljextraktet.
d) Rör ner Prosecco och mjölk tills det är väl blandat.
e) I en separat skål, kombinera mjöl, bakpulver, bakpulver och salt.
f) Tillsätt gradvis de torra ingredienserna till de våta ingredienserna, blanda tills de precis blandas.
g) Vänd försiktigt ner de färska hallonen.
h) Häll smeten i den förberedda buntformen och jämna till toppen med en spatel.
i) Grädda i 45-50 minuter, eller tills en tandpetare som sticks in i mitten kommer ut ren.
j) Låt kakan svalna i formen i 10 minuter innan du överför den till ett galler för att svalna helt.
k) För att göra glasyren, vispa ihop strösocker och Prosecco tills det är slätt. Ringla glasyren över den avsvalnade kakan.
l) Låt glasyren stelna innan du skivar och serverar.

94.Tequila Lime Bundt tårta

INGREDIENSER:
- 2 koppar universalmjöl
- 1 kopp strösocker
- 1/2 kopp osaltat smör, mjukat
- 1/2 kopp gräddfil
- 1/4 kopp tequila
- Skal och saft av 2 limefrukter
- 2 ägg
- 1 tsk vaniljextrakt
- 1 tsk bakpulver
- 1/2 tsk bakpulver
- 1/4 tsk salt

FÖR GLASYREN:
- 1 kopp strösocker
- 2 matskedar tequila
- Skal av 1 lime

INSTRUKTIONER:
a) Värm ugnen till 350°F (175°C). Smörj och mjöla en buntform.
b) Grädda ihop smör och strösocker i en stor bunke tills det är ljust och fluffigt.
c) Vispa i äggen, ett i taget, och rör sedan ner vaniljextraktet.
d) Rör ner gräddfil, tequila, limeskal och limejuice tills det är väl blandat.
e) I en separat skål, kombinera mjöl, bakpulver, bakpulver och salt.
f) Tillsätt gradvis de torra ingredienserna till de våta ingredienserna, blanda tills de precis blandas.
g) Häll smeten i den förberedda buntformen och jämna till toppen med en spatel.
h) Grädda i 45-50 minuter, eller tills en tandpetare som sticks in i mitten kommer ut ren.
i) Låt kakan svalna i formen i 10 minuter innan du överför den till ett galler för att svalna helt.
j) För att göra glasyren, vispa ihop strösocker och tequila tills det är slätt. Ringla glasyren över den avsvalnade kakan och strö över limeskal.
k) Låt glasyren stelna innan du skivar och serverar.

FÄRGERIGT OCH KREATIVT

95.Regnbåge Virvla runtBundt Kaka

INGREDIENSER:
- 2 1/2 koppar universalmjöl
- 1 1/2 koppar strösocker
- 1 kopp osaltat smör, mjukat
- 4 ägg
- 1 dl mjölk
- 1 msk vaniljextrakt
- 1 msk bakpulver
- 1/2 tsk salt
- Gel matfärgning (assorterade färger)

INSTRUKTIONER:
a) Värm ugnen till 350°F (175°C). Smörj och mjöla en buntform.
b) Grädda ihop smör och socker i en stor bunke tills det är ljust och fluffigt.
c) Vispa i äggen, ett i taget, och rör sedan ner vaniljextraktet.
d) I en separat skål, kombinera mjöl, bakpulver och salt.
e) Tillsätt gradvis de torra ingredienserna till de våta ingredienserna, omväxlande med mjölken, och blanda tills det är slätt.
f) Fördela smeten jämnt i separata skålar, beroende på hur många färger du vill använda.
g) Tillsätt några droppar gelmatfärgning i varje skål och blanda tills önskad färg uppnås.
h) Häll de färgade smetarna i den förberedda buntformen, lägg dem ovanpå varandra.
i) Använd en kniv eller spett för att försiktigt virvla ihop färgerna och skapa en marmorerad effekt.
j) Grädda i 45-50 minuter, eller tills en tandpetare som sticks in i mitten kommer ut ren.
k) Låt kakan svalna i formen i 10 minuter innan du överför den till ett galler för att svalna helt.
l) När svalnat, skiva och servera för att avslöja de färgglada virvlarna inuti.

96.Tie-Dye Bundt Kaka

INGREDIENSER:
- 2 1/2 koppar universalmjöl
- 1 1/2 koppar strösocker
- 1 kopp osaltat smör, mjukat
- 4 ägg
- 1 dl mjölk
- 1 msk vaniljextrakt
- 1 msk bakpulver
- 1/2 tsk salt
- Gel matfärgning (assorterade färger)

INSTRUKTIONER:
a) Värm ugnen till 350°F (175°C). Smörj och mjöla en buntform.
b) Grädda ihop smör och socker i en stor bunke tills det är ljust och fluffigt.
c) Vispa i äggen, ett i taget, och rör sedan ner vaniljextraktet.
d) I en separat skål, kombinera mjöl, bakpulver och salt.
e) Tillsätt gradvis de torra ingredienserna till de våta ingredienserna, omväxlande med mjölken, och blanda tills det är slätt.
f) Fördela smeten jämnt i separata skålar, beroende på hur många färger du vill använda.
g) Tillsätt några droppar gelmatfärgning i varje skål och blanda tills önskad färg uppnås.
h) Häll små klickar av varje färgad smet slumpmässigt i den förberedda buntpannan, lägg dem ovanpå varandra.
i) Använd en kniv eller spett för att försiktigt snurra ihop färgerna, vilket skapar en tie-dye-effekt.
j) Grädda i 45-50 minuter, eller tills en tandpetare som sticks in i mitten kommer ut ren.
k) Låt kakan svalna i formen i 10 minuter innan du överför den till ett galler för att svalna helt.
l) När svalnat, skiva och servera för att avslöja det livfulla tie-dye mönstret inuti.

97.Napolitansk Bundt-kaka

INGREDIENSER:
- 2 1/2 koppar universalmjöl
- 1 1/2 koppar strösocker
- 1 kopp osaltat smör, mjukat
- 4 ägg
- 1 dl mjölk
- 1 msk vaniljextrakt
- 1 msk bakpulver
- 1/2 tsk salt
- 1/4 kopp osötat kakaopulver
- Rosa gel matfärgning

INSTRUKTIONER:
a) Värm ugnen till 350°F (175°C). Smörj och mjöla en buntform.
b) Grädda ihop smör och socker i en stor bunke tills det är ljust och fluffigt.
c) Vispa i äggen, ett i taget, och rör sedan ner vaniljextraktet.
d) I en separat skål, kombinera mjöl, bakpulver och salt.
e) Tillsätt gradvis de torra ingredienserna till de våta ingredienserna, omväxlande med mjölken, och blanda tills det är slätt.
f) Fördela smeten jämnt i två skålar.
g) I en skål, vänd ner det osötade kakaopulvret tills det är väl blandat för att skapa chokladsmeten.
h) Tillsätt några droppar rosa gelmatfärg i den andra skålen och blanda tills önskad färg uppnås för att skapa den rosa smeten.
i) Häll omväxlande lager av choklad och rosa smet i den förberedda buntformen, börja och sluta med chokladsmeten.
j) Grädda i 45-50 minuter, eller tills en tandpetare som sticks in i mitten kommer ut ren.
k) Låt kakan svalna i formen i 10 minuter innan du överför den till ett galler för att svalna helt.
l) När svalnat, skiva och servera för att avslöja de napolitanska lagren inuti.

98. Apelsin Gräddesicle Bundt Kaka

INGREDIENSER:
- 2 1/2 koppar universalmjöl
- 1 1/2 koppar strösocker
- 1 kopp osaltat smör, mjukat
- 4 ägg
- 1 dl mjölk
- 1 msk vaniljextrakt
- 1 msk bakpulver
- 1/2 tsk salt
- Skal av 2 apelsiner
- 1/4 kopp färsk apelsinjuice
- Apelsin gel matfärgning (valfritt)

INSTRUKTIONER:
a) Värm ugnen till 350°F (175°C). Smörj och mjöla en buntform.
b) Grädda ihop smör och socker i en stor bunke tills det är ljust och fluffigt.
c) Vispa i äggen, ett i taget, och rör sedan ner vaniljextrakt, apelsinskal och apelsinjuice.
d) I en separat skål, kombinera mjöl, bakpulver och salt.
e) Tillsätt gradvis de torra ingredienserna till de våta ingredienserna, omväxlande med mjölken, och blanda tills det är slätt.
f) Om så önskas, tillsätt några droppar apelsingel matfärgning i smeten och blanda tills den får en jämn färg.
g) Häll smeten i den förberedda buntformen och jämna till toppen med en spatel.
h) Grädda i 45-50 minuter, eller tills en tandpetare som sticks in i mitten kommer ut ren.
i) Låt kakan svalna i formen i 10 minuter innan du överför den till ett galler för att svalna helt.
j) När den svalnat, ringla över en apelsinglasyr eller strö över apelsinskal för en extra smak.

99. Confetti Funfetti Bundt Kaka

INGREDIENSER:
- 2 1/2 koppar universalmjöl
- 1 1/2 koppar strösocker
- 1 kopp osaltat smör, mjukat
- 4 ägg
- 1 dl mjölk
- 1 msk vaniljextrakt
- 1 msk bakpulver
- 1/2 tsk salt
- 1/2 kopp regnbågsströssel

INSTRUKTIONER:
a) Värm ugnen till 350°F (175°C). Smörj och mjöla en buntform.
b) Grädda ihop smör och socker i en stor bunke tills det är ljust och fluffigt.
c) Vispa i äggen, ett i taget, och rör sedan ner vaniljextraktet.
d) I en separat skål, kombinera mjöl, bakpulver och salt.
e) Tillsätt gradvis de torra ingredienserna till de våta ingredienserna, omväxlande med mjölken, och blanda tills det är slätt.
f) Vik försiktigt in regnbågsströsselet.
g) Häll smeten i den förberedda buntformen och jämna till toppen med en spatel.
h) Grädda i 45-50 minuter, eller tills en tandpetare som sticks in i mitten kommer ut ren.
i) Låt kakan svalna i formen i 10 minuter innan du överför den till ett galler för att svalna helt.
j) När svalnat, ringla över en vaniljglasyr och strö över ytterligare regnbågsströssel för en festlig touch.

100. GodisexplosionBundt Kaka

INGREDIENSER:
FÖR TÅRAN:
- 2 koppar universalmjöl
- 1 kopp strösocker
- 1 kopp osaltat smör, mjukat
- 4 ägg
- 1 kopp gräddfil
- 1 tsk vaniljextrakt
- 1 tsk bakpulver
- 1/2 tsk bakpulver
- 1/4 tsk salt
- 1 kopp diverse godisbitar (som M&M's, Reese's Pieces, hackade Snickers, etc.)

FÖR GLASYREN:
- 1 kopp strösocker
- 2-3 matskedar mjölk
- 1/2 tsk vaniljextrakt
- Blandade godisbitar för dekoration

INSTRUKTIONER:
a) Värm ugnen till 350°F (175°C). Smörj och mjöla en buntform.
b) Grädda ihop smör och strösocker i en stor bunke tills det är ljust och fluffigt.
c) Vispa i äggen, ett i taget, och rör sedan ner vaniljextraktet.
d) Rör ner gräddfilen tills den är väl blandad.
e) I en separat skål, kombinera mjöl, bakpulver, bakpulver och salt.
f) Tillsätt gradvis de torra ingredienserna till de våta ingredienserna, blanda tills de precis blandas.
g) Vik försiktigt in de olika godisbitarna.
h) Häll smeten i den förberedda buntformen och jämna till toppen med en spatel.
i) Grädda i 45-50 minuter, eller tills en tandpetare som sticks in i mitten kommer ut ren.
j) Låt kakan svalna i formen i 10 minuter innan du överför den till ett galler för att svalna helt.
k) När kakan har svalnat, förbered glasyren genom att vispa ihop strösocker, mjölk och vaniljextrakt tills den är slät.
l) Ringla glasyren över den avsvalnade kakan och dekorera med ytterligare godisbitar.
m) Låt glasyren stelna innan du skivar och serverar.

SLUTSATS

När vi kommer till slutet av " Bundt Samling Receptbok " hoppas vi att du har njutit av att utforska det mångsidiga utbudet av bundt-kakor och upptäcka nya favoriter att lägga till din bakrepertoar. Oavsett om du dras till enkelheten hos en klassisk vaniljkaka eller frestas av dekadensen hos en chokladganache-dränkt skapelse, finns det ingen brist på inspiration att hitta på dessa sidor.

Vi uppmuntrar dig att släppa loss din kreativitet och experimentera med olika smaker, pålägg och dekorationer för att göra dessa recept till dina egna. Bakning handlar trots allt lika mycket om självuttryck som om att följa instruktioner. Så var inte rädd för att sätta din egen twist på dessa recept och låt fantasin flöda.

När du fortsätter din bakresa hoppas vi att du kommer att finna lika mycket glädje i processen som du gör i det slutliga resultatet. Oavsett om du bakar för ett speciellt tillfälle eller bara för att tillfredsställa ett sug, är det något magiskt med alkemin av mjöl, socker och smör som går samman för att skapa en läcker buntkaka.

Tack för att du följde med oss på detta läckra äventyr. Må ditt kök fyllas med doften av nybakade buntkakor, och må varje skiva få ett leende på läpparna och värme i ditt hjärta. Glad bakning!

www.ingramcontent.com/pod-product-compliance
Lightning Source LLC
Chambersburg PA
CBHW071308110526
44591CB00010B/818